U0512596

区域协调发展视域下政府与市场在土地要素配置中的作用研究

Research on the role of government and market in land factor allocation from the perspective of coordinated regional development

钟昌标　钟文 ◎ 著

中国财经出版传媒集团
经济科学出版社
Economic Science Press

图书在版编目（CIP）数据

区域协调发展视域下政府与市场在土地要素配置中的
作用研究／钟昌标，钟文著. —北京：经济科学出版社，
2023.4

ISBN 978 - 7 - 5218 - 2145 - 1

Ⅰ.①区… Ⅱ.①钟…②钟… Ⅲ.①土地资源 -
资源配置 - 研究 - 中国 Ⅳ.①F323.211

中国版本图书馆 CIP 数据核字（2020）第 242637 号

责任编辑：杨 洋 卢玥丞
责任校对：靳玉环
责任印制：范 艳

区域协调发展视域下政府与市场在土地要素配置中的作用研究

钟昌标 钟文 著

经济科学出版社出版、发行 新华书店经销

社址：北京市海淀区阜成路甲 28 号 邮编：100142

总编部电话：010 - 88191217 发行部电话：010 - 88191540

网址：www.esp.com.cn

电子邮箱：esp@esp.com.cn

天猫网店：经济科学出版社旗舰店

网址：http://jjkxcbs.tmall.com

北京季蜂印刷有限公司印装

710×1000 16 开 10.75 印张 160000 字

2023 年 4 月第 1 版 2023 年 4 月第 1 次印刷

ISBN 978 - 7 - 5218 - 2145 - 1 定价：42.00 元

目录

◆

CONTENTS

目

录

3

第 *1* 章

$---------$

绪　论

1.1　研究背景和问题

2022 年 4 月 10 日，《中共中央 国务院关于加快建设全国统一大市场的意见》的发布加快建设全国统一大市场再次成为制度改革的聚焦点。

纵观中国五千年的发展历史进程，可以清晰地发现协调区际关系的思想始终贯穿于历史长河中，并成为一条独特的区域历史发展脉络。大国经济体具有独特性，如丰富的资源优势与广阔的国内市场，这些特性铸就了其经济发展轨迹的独特性。相对于小型经济体，大国经济体可以迅速组织力量办大事，可以从容应对较大的突发事件，也可以在疆域范围内实现产业的规模经济，等等。但是，大国经济体也具有自身的缺陷，由于区位条件、地理条件、资源禀赋、历史发展水平的差异，以及大国经济体具有的地域辽阔、人口地域分布不均衡的特征，自然而然形成区域经济发展的地域差异性，各个区域之间的发展水平与速度具有不同的状况。因此，区域之间如何协调发展成为大国经济体发展过程中需要迫切解决的现实问题。

中国的政治制度对经济社会发展具有积极的促进作用，并可以很大程度上解释中国改革开放四十多年来的成功。

区域协调发展战略是我国特色社会主义的重要组成部分。党的十八大将基本建成促进区域协调发展的机制作为全面建成小康社会的重要目标和加快转变发展方式的基本动力，从而把区域发展战略提升到了一个新的高度。党的十九大进一步明确要实施区域协调发展战略，并明确指出需要建立更加有效的区域协调发展新机制。而如何处理好政府与市场的关系成为构建区域协调发展新机制的关键之一。

区域协调发展作为一种国家战略，具备全局性和引导性，政府要根据区域定位科学合理地配置各种公共资源。而市场经济是通过市场配置资源的经济形式，其能够实现资源的最优化配置。而在土地利用规划中，土地利用类型及布局则是国家战略意图，此时，单纯依靠市场是无法实现的。经济发达地区与欠发达地区可以通过市场经济的利益诱导实现资源的大量流入，形成区域之间的发展差距。但在推进区域协调发展的过程中，各级政府存在信息不对称和信息成本过高，需要以市场经济为基础，遵循市场竞争法则。因为市场力量才是经济增长的原动力。因此，政府需要兼顾政府与市场对区域协调发展的作用，而在现实中，两者兼顾的难度较大。

实施区域协调发展战略具有以下几点重要意义。

一是落实全面小康和构建社会主义和谐社会的需要。社会和谐的标准之一是不同利益群体的合理需求能够得到满足，实施区域协调发展战略可以不断缩小区域之间的发展差距，提高各地区人民的社会福利水平和缩小基本公共服务的差异，最终实现可持续发展。

二是解决民生问题的关键途径。解决好民生问题是构建和谐社会的前提与基础。民生问题不仅关系到居民的个人利益，也是国家发展进步的标志。实施区域协调发展战略，可以实现整个社会的协调发展，进而带动欠发达区域的快速发展，并切实提高人们的生活水平。

三是推动区域合作的重要力量。区域协调发展是区域合作深入发展的重要推动力，实施区域协调发展战略能够促进生产要素的合理流动以实现资源的优化组合，而且可以解决合作过程中出现的矛盾纠纷，进一步推进区域行为主体之间的联系合作。

四是加快欠发达地区的发展，特别是边疆贫困地区的发展，实现区域间发展再平衡。党的十九大报告明确提出实施区域协调发展战略需要加大力度支持革命老区、民族地区、边疆地区、贫困地区加快发展。

区域协调发展不仅仅是以片面追求欠发达地区的经济增长，也不应该是一味以缩小区域间经济发展差距为目标，而应该是以习近平总书记提出的区域协调发展三大目标为宗旨，即要实现基本公共服务均等化，基础设施通达程度比较均衡，人民生活水平大体相当。区域经济关系协调的目标是以市场经济为导向，实现全方位的区域协调，形成区际合作共赢的局面。这就需要政府与市场两手抓的努力，政府要为区域协调发展战略实施提供良好的环境，同时也需要发挥市场在资源配置的基础性作用。

区域协调发展的实施包含多维目标，包括实现基本公共服务均等化、基础设施通达程度比较均衡、人民生活水平大体相当等，这些目标之间存在着相互依存的关系。而作为影响区域协调发展的重要因素，地方政府要对协调发展目标的实现采取循序渐进的政策，而不是人为地过多干预。因此，我们迫切需要地方政府向服务型政府转变。

为顺利实现我国区域协调发展的多维目标，需要同时发挥政府与市场的作用。政府与市场是实施区域协调发展战略的两个抓手。在区域协调发展实施过程中，由于市场存在失灵，需要政府的必要干预，但政府过多的干预又会造成市场效率损失，因此，只有政府与市场相互促进才能形成区域协调发展的利好局面。

1.2 国内外相关研究综述

围绕区域协调发展政府和市场的相关理论研究大致可以从以下七个方面来概括。

1.2.1 地方政府的作用

蒂布特（Tiebout，1956）提出了"用脚投票"的蒂布特模型，最初是用来阐述消费者基于地方公共产品与服务偏好的地理位置选择问题，随后被发展成分权下的地方政府改善公共物品提供的理论。斯蒂格勒（Stigler，1957）从地方政府效率优势出发，证实地方政府存在的必要性。冯兴元在布雷顿和何梦笔研究的基础上，分析了我国转型过程中政府间竞争、制度竞争和体制竞争的作用。这些研究表明地方政府竞争对地方公共物品供给具有积极的促进作用，认为地方政府竞争对取得一系列经济社会发展的作用是不可磨灭的，如推动了经济体制改革、促进了对外开放、改善了基础设施。

霍奇逊（Geoffrey M. Hodgson，2004）的达尔文主义不仅提出了生物进化理论，也为理解人类社会演化提供了理论框架。约万诺维奇（Branko Jovanovic，2012）针对辖区间竞争引导政府的积极性作用进行研究，发现辖区间竞争显著提高了地方政府的执政能力。青木昌彦（2001）在《比较制度分析》中介绍了以科斯命名的"科斯盒子"博弈模型，进一步推进了模型的现实性。童乙伦通过将宾默尔（K. Binmore）的讨价还价理论与布坎南（J. Buchanan）的功利主义思想相结合，分析了社会制度是如何在博弈中产生的命题。在实证方面，莫洛（Mauro，1998）对腐败与政府支出结构进行了跨国证实，取得了较好的研究结果。谢林（Schelling，1978）从社会学角度对种族隔离进行了研究。

1.2.2　土地要素配置与区域协调发展的研究

土地要素是人类赖以生存和发展的物质基础。人类从土地中得到赖以生存的衣食住行的基本条件。特别是当其他条件一定时，土地的数量、质量、分布等决定着土地的人口负载量和人们平均生活的质量。如果人类能正确、科学地开发、利用、改造、保护土地，使人与土地相结合，保持恰当的配比，就能在利用土地、取得土地产品和利用土地的过程中实现土地要素的可持续利用和人类自身的可持续发展（王万茂，1996）。

随着社会经济的快速发展，并顺势进入经济社会发展新常态，人口增长、产业结构调整与城镇化水平提高等，都引起了土地利用结构与布局的深刻变化。因此，实现对有限土地要素的优化配置显得尤其重要。依据土地学科定义，土地要素优化配置指土地要素在时间和空间上部门间用途间数量的分布状态（王万茂，1996）。土地要素配置的实质是一项确定完整土地布局的技巧或活动，以期达成某既定目标，或是依据需要达成的目标对土地利用类型或结构作合理科学的安排。因此，完整意义上的土地要素配置应包括土地利用的区域宏观配置、地区部门配置和地点宗地①配置（倪少祥和刘彦随，1999）。同时，土地要素配置需要遵循相关原则，如综合效益最大化原则、使用效率最大化原则及局部配置机会成本最小化原则（赵成功，2000）。

土地是一个区域发展的必备基础，也是开展一切生产生活的载体，而土地要素的优化配置不仅是使该区域效益最大化的重要手段，更是实现区域协调发展的重要途径（李明川，2015）。土地要素优化配置可以保证充足的农用地，确保粮食安全，保障区域协调发展的稳定环境，同时，也可以实现土地要素的集约利用及对未利用地的合理规划，从而保证区域协调发展的当下与未来所需的土地要素数量与质量，实现区域协调发展的可持续性。

1.2.3 我国区域经济协调发展的政策研究

陈栋生等（1991）较早对 20 世纪 90 年代的中国区域经济政策进行了梳理和评价。研究者将区域经济政策划分为地区布局政策、地区产业政策、地区特殊政策、区域补偿政策、区域组织政策和区域调控政策等。并提出了相关区域政策实施的具体建议。魏后凯和刘楷（1994）偏向于有效政策的目的是保持地区差距在适度范围内。谷书堂和唐杰（1994）则从民族团结出发，认为区域政策在于缩小东部、中部与西部之间的发展差距。朱小林（1999）基于区域经济差距显著的现实，强调地方政府

---

① 宗地是地籍的最小单元，是指以权属界线组成的封闭地块。

区域协调能力建设的重要性。

进入 21 世纪以来，区域经济协调发展政策取得了进一步的发展。张德平（2003）突出政府转移支付对区域协调发展的重要作用，需要从财税体制改革入手完善现有政策体系。彭月兰（2003）从财政政策环境优化视角提出促进区域协调发展的政策建议。马栓友和于红霞（2003）基于实证分析，提出税制改革以调节区域发展差距。韩风芹（2005）指出区域差异化的金融政策有利于缩小区域发展差距，并提出了相应政策建议。丁芸和张昕（2007）基于现有财政政策存在的问题，提出了具体的财税政策促进区域协调发展。除了对财税和金融投资政策的研究，张先锋和张庆彩（2004）研究了土地规划政策对区域协调发展影响的内在机理。此外，杨洁（2003）、保中和任莉（2003）、钟昌标（2004）、蔡志刚和周颖（2005）对美国、德国、日本等国外先进区域经济政策进行了总结梳理，以期形成借鉴价值。

1.2.4 区域经济协调发展内涵的研究

较多文献都是使用"区域经济协调发展"这一术语。但是对于协调发展的内涵界定显得不足，还有一部分文献对其做了隐性处理（徐现祥和李郇，2005；冯剑勇和谢强强，2010）。究其原因，主要是把协调发展简单地理解成缩小区域差距。在现有文献中对协调发展的定义尚未形成公认的定义。在部分相关研究中，陆大道（1997）认为协调发展应包含：（1）比较优势的发挥和产业分工基础上的互补与合作；（2）一体化的经济合作体制；（3）政策环境和价格体系的公平建立；（4）地域单元之间的发展差距保持在适度的范围内。覃成林（1999）认为，区域经济协调发展是区域之间在经济交往上日益关联互动，从而达到各区域经济可持续发展的状态。周绍杰、王有强和殷存毅（2010）认为协调发展的内涵为：（1）经济要素能够有效配置；（2）经济发展与环境保护的和谐统一；（3）地区间的发展差距的缩小。而在 1996 年《国民经济和社会发展"九五"计划和 2010 年远景目标纲要》中对协调发展的表述是：一是促进全国经济布局合理化，逐步缩小地区发展差距；二是按照统筹规划、因地制宜、发挥优势、分工合作、协调发展的原则，推动地区间的优势互补、合理交换和经济联合。

1.2.5　区域经济协调发展基础理论的研究

经济增长的基本理论是区域经济协调发展研究的理论源泉。具体将区域经济增长理论细分为增长动力理论和增长方式理论。

从区域经济增长动力理论来看，主要包含了新古典经济增长理论和内生经济增长理论（也称为"新经济增长理论"）。新古典经济增长理论以索洛（Solow，1956）和斯旺（Swan，1956）建立的以技术为中心的增长模型为代表。在"哈罗德—多马"模型的基础上，新古典增长理论修正了假设前提，认为技术进步是促进经济增长更强有力的动力来源。博茨（1960）、博茨和斯坦（1964）、罗曼斯（1965）、希伯特（1969）等在完全竞争和规模报酬不变的前提下，认为区域间的要素有序流动是决定区域经济增长的重要因素。鲍温姆（1999）在规模报酬递增和垄断竞争理论框架下，利用克鲁格曼的"中心—外围"模型，形成了资本创造理论，认为资本增长水平是影响区域经济增长的关键要素。

内生经济增长理论是在新古典经济增长理论的基础上，进一步对技术进步的来源和途径进行解释，将技术进步因素进行内生化处理。罗默（Romer，1986）和卢卡斯（Lucas，1988）是内生经济增长理论的创立者。后来有研究（Romer，1990；Grossman & Helpman，1991；Aghion & Howitt，1992；Jones，1995）对经济增长进行了进一步的理论解释，产生了以研发（R&D）为增长核心要素的模型。

从区域经济增长方式理论来看，可以分为均衡发展理论和非均衡发展理论两类。均衡理论首先包括罗森斯坦—罗丹（Rosenstein - Rodan，1943）的大推进理论。大推进理论强调投资的同步化，实现全面发展。纳克斯（Nurkse，1967）提出贫困恶性循环理论，认为应该有选择的投资，要加大对投资回报率大的产业进行投资，获取高额收益。与大推进理论的不同之处在于纳克斯的理论不要求平均增长。除大推进理论和贫困恶性循环理论外，刘易斯的"二元结构"理论、纳尔逊的低水平均衡陷阱理论、莱宾斯坦的临界最小努力理论所提出的经济发展主张基本都可纳入均衡发展理论，以大规模投资为促进区域经济发展的主要途径。均衡发展理论忽视了市场在资源配置中的决定性作用，因此遭受到质疑，但它为政府干预的运用提供了理论基础。

非均衡发展理论包括一系列的具体理论主张。缪尔达尔（Myrdal, 1957）的循环累积因果论认为，由于地理环境条件与资源禀赋条件等不同，优势区域与匮乏区域的发展会呈现明显的差距。在区际经济关系上，劳动力、资金、技术等生产要素会从落后地区向发达地区流动，从而形成回波效应，进一步拉大区域经济差距。不过发达地区发展到一定阶段后由于市场竞争加剧、生产成本上升、要素回报率下降，生产要素会向落后地区回流，从而形成扩散效应。但是回波效应和扩散效应常常是不均衡的，回波效应通常占主导地位，从而导致了富者更富、穷者更穷的经济局面。缪尔达尔主张政府充分利用回波效应与扩散效应来制定区域发展政策，缩小区际差异。佩鲁（Perroux, 1950）提出了增长极理论，该理论认为经济在增长点或者增长极将快速发展，然后向外扩散，带动落后区域的发展。赫希曼（Hirschman, 1958）的非平衡增长理论提出了优先发展关联效应显著、具有较强产品需求弹性和输入弹性的、能够在最大限度上带动其他产业发展的优势产业，然后通过涓流效应（trickling-down effect），促进落后地区经济增长。弗里德曼（Friedman, 1967）的中心—外围理论通过区域系统内部在经济、政治、文化上的比较关系，将区域分为中心区和对中心高度依赖的外围区。中心区的发展扩散带动外围区的进步，实现区域一体化发展。但是政府的发展政策干预对于抑制中心区的过度发展是有必要的。库兹涅茨（Kuznets, 1955）提出了著名的倒"U"型假说。该理论认为收入差距在初期会随增长迅速扩大，但后期会回落缩小，其变化过程像倒"U"字。威廉姆森（Williamson, 1965）将收入差距的倒"U"型假说应用到区域经济的差距中，认为区域间的差距会逐渐拉大，但当经济发展到转折点时，这种趋势会趋于收敛。倒

"U"型假说实际上是强调政府干预与市场机制作用。

除了均衡发展和非均衡发展理论外，经济聚集理论也成为区域经济发展的重要理论借鉴。其中，最具代表性的是以克鲁格曼（Krugman，1994，1996）为代表的新经济地理理论。克鲁格曼引入"冰山"运输成本，认为经济活动和商品流通的交易成本导致产品价格的区域差异，并通过市场效应和价格指数效应导致经济地理差异。新经济地理理论认为，在不存在比较优势的情况下，产业发展的空间集聚有可能形成，由此，产业结构调整与升级是区域整体经济效益提升和福利改善的重要手段。

1.2.6 中国区域经济差距问题的研究

在区域经济发展的差距研究上，学者们进行了大量研究。杨伟民（1992）分析得出1978～1989年以人均GNP衡量的全国各地区收入差距呈减小趋势；王小鲁和樊纲（2004）认为20世纪80年代我国地区间总体差距有所下降，但90年代后呈扩大趋势，这与宋德勇（1998）、林毅夫等（2003）、刘夏明等（2004）、许召元和李善同（2006）、万广华（2006）的研究结论相近。从东、中、西部三大区来看，研究结论基本都认为自改革开放以来，依赖区域差距总体上呈扩大趋势（袁钢明，1996；魏后凯和刘楷，1997；覃成林，1997；林毅夫等，1998；周玉翠等，2002）。

从收敛或发散的视角研究区域差距更具有前瞻性。但是由于研究方法、研究手段与研究数据等的差异，使得研究结论分歧较大。1978～1997年省际数据的研究：魏后凯（1997）认为人均收入不存在收敛，蔡昉和都阳（2000）认为存在条件收敛且形成东、中、西部三个俱乐部收敛，沈坤荣等（2002）认为不存在绝对β收敛但存在东、中、西部三个俱乐部收敛和条件β收敛，威克斯等（Weeks et al., 2003）认为存在条件收敛，林毅夫等（2003）认为存在条件β收敛，徐现祥（2004）认为沿海、内地的双峰趋同收敛，但是刘强（2001）认为省区市间不存在新古典式收敛，马栓友和于红霞（2003）认为省区市间不存在收敛。数据范围在2000～2007年的研究：张鸿武（2006）认为存在俱乐部趋同，彭国华（2006）认为东部地区收敛比中西部地区强，总体上存在弱随机性收敛，林光平等（2006）的研究认为 20 世纪 90 年代末期开始出现 δ 收敛，吴玉鸣（2006）认为存在条件 β 收敛，吴强等（2007）认为突破低收入门槛后各省区市保持快速收敛，张晓旭等（2008）认为在空间自相关的情况下存在绝对 β 收敛，但是刘夏明等（2004）的研究发现没有总体收敛趋势，也不存在俱乐部收敛，潘文卿（2010）认为引入空间效应后，存在绝对 β 收敛，但收敛速度很慢，且东、中、西部存在俱乐部收敛，何一峰等（2008）认为不存在全国范围内收敛但存在三个俱乐部收敛，韦斯·特伦德等（Westerlund et al.，2010）认为省区市间的趋势是发散而不是收敛。

以地市或县域经济为考察对象的研究，徐现祥等（2004）发现存在 δ 收敛和绝对 β 收敛，苏良军等（2007）发现条件 β 收敛，马国霞等（2007）发现绝对 β 收敛，而周业安和章泉（2008）的研究认为不存在条件收敛，徐大丰等（2009）的研究也认为不存在条件趋同。

1.2.7　促进区域协调机制与制度框架的研究

在研究区域经济协调发展问题的学术文献中，以"机制"的视角考虑区域经济协调发展的不多，但大多数相关文献都提出了政策建议。市场机制与政府机制是解决区域问题的两条主流视角。陈栋生（2001）强调了经济自由的重要性，提出中西部所有权结构性调整的建议，姚和杨（Yao & Yang，2001）提出要素自由流动的重要性，建议构建良好的投资环境，德默格等（Demurger et al.，2002）强调地方经济市场化与国际化，刘福垣（2003）认为统一国内市场迫在眉睫，扭转区域不平衡发展才是出路，朱文晖（2003）高度强调市场的机制作用，刘夏明（2005）认为要素自由流动才是中西部追赶的关键，徐现祥和李郇（2005）强调市场一体化对区域协调发展的作用。以上主张基本上可以归纳为区域协调发展的市场机制。而在政府机制方面，可以概括为扶持机制和分工机制。付和胡（Fu & Hu，2001）认为基础设施投资的倾斜式分布有利于区域协调发展，田（Tian，1999）认为转移支付能够改善落后区域的生活水平，以及一些研究认为区域间的产业转移有利于落后区域的经济社会进步（李小建和覃成林，2004；胡乃武，2004），也有不少研究认为发达地区对不发达地区对口支援具有积极意义（李勇和李仙，2005；云秀清和贾志刚，2004），以上这些可以认为是扶持机制的体现。在分工机制方面，2010年国家推行的主体功能区规划最具直接性与代表性。周绍杰等（2010）认为通过规划体制和转移支付支持可以推动主体功能区发展战略的实现。此外，比较优势基础上的产业分工（陆大道，1997）也能够实现区域经济协调发展。

在促进区域协调发展的制度讨论上，实质是涉及一系列的地区经济关系政策。如财政政策、金融政策、产业政策、人口政策、土地政策、区域政策等。需要指出的是，区域协调发展的机制应该是制度政策的导向，但是现有研究中对制度政策的讨论往往忽视了对机制的先导性探讨，以致这些讨论显得缺乏系统性和有机性，甚至出现矛盾局面。

1.3 评价与研究拓展

综上所述，可以发现区域协调发展是国民经济与社会发展需要迫切解决的重大问题。对此，国内外学者都做了大量的研究，这些研究为本书进一步的研究深化提供了丰富的素材和坚定的指导方向。但还具有进一步完善的空间，主要体现在以下几个方面。

第一，需要建立一个完整的理论分析系统，用以分析和发现发展中大国地区间协调发展的政府政策制定的着力点。研究区域所面临的协调发展和经济结构转型等问题，揭示中国区域独特的发展演化机制和形成规律。在此基础之上，为区域发展与管理提供指导，提出具有建设性的政策建议，服务于国家的"区域协调发展"和"经济结构转型"两大战略目标。

第二，本书现有文献总体上缺乏系统性和一致性。由于现有文献分别从不同方面研究中国区域经济的协调发展，所以缺乏系统性和一致性。另外，除了近几年的少部分文献外，大多数研究缺乏规范性和实证框架。显然，要解决人口众多、疆域辽阔、自然禀赋如此差异的大国区域协调发展的研究需要在系统性、一致性、规范性及实证分析上做更多努力。

第三，需要进一步明确区域协调发展的目标和内涵。现有研究对区域协调发展的目标局限于缩小地区收入差距。在这种目标导向下，宏观政策不可避免地影响效率的发挥，这不仅对发达地区产生消极影响，也会阻碍欠发达地区的发展。

本书将区域经济协调发展的单一目标拓展到经济、社会和生态环境等协调发展的多维目标。多维目标和单一目标的求解截然不同，更加注重研究目标之间的关系和相互作用，如经济快速增长如何促进社会进步和公共服务改善，又如何促进经济环境优化。通过拓展现有研究区域经济协调发展的内涵，据此科学确定区域发展方向，准确定位发展目标，合理制定行之有效的政策。

第四，需要提供更加明确的政策依据。现有研究对促进区域协调发展的政策建议不少，且多数建立在区域经济发展差距的基础上，过分强调区域经济发展差距的缩小，并宽泛地提出政策建议，没有对区域协调发展目标作科学有效的判断，所提出的政策建议显得笼统、含糊。

第五，本书将在政策依据的提供方法和实证支撑方面进行系统研究。通过设定计量指标进行实证或模拟的数据分析为政策提供依据。例如，制定客观可行的区域协调发展指标体系，科学地评价区域协调发展效果；再如，本书在提出区域经济协调发展涉及资源配置问题时，将探讨差别化土地政策对区域协调发展的影响，以及土地出让方式的差异对区域协调发展的影响。通过实证分析所得到的启示，对政策的有效性提出更具有参考价值的建议。

第六，需要进一步对构建区域协调发展新机制进行研究。现有研究由于时代情景的变化及系统性的缺乏，使得提出的区域协调发展政策建议含糊不清，针对性不足，如许多研究指出的转移支付问题，转移支付对实现区域协调发展的机制不清等。事实上，理解区域协调发展的机制是科学有效地制定区域经济协调发展政策的前提，现有文献的薄弱为我们完善相关研究提供了发挥和创新的空间。

1.4　本书的研究框架

本书以区域协调发展为研究视角，探究政府与市场在土地要素配置中的作用，把破解区域协调发展的核心问题定位于如何利用土地要素配置来处理好地区层面的效率与公平关系，认为过去国家出台的很多政策之所以被层层打折扣，是因为只考虑国家层面的效率，而且是经济效率，离开了地区层面的公平与效率。按照这种理念，课题的基本思路和研究路径有以下几个方面。

首先，把理论和现实分析形成的兼顾公平与效率理念纳入目标函数，提出了兼顾公平与效率的土地要素配置的制度体系。

其次，从实证上对区域协调发展展开研究，其一是地区之间，如东部、中部、西部、东北部、省与省之间的协调发展问题；其二是结合土地要素配置研究区域协调发展问题。

最后，本书第2章、第3章、第4章分别从政府、市场角度解释各自在区域协调发展中的功能定位，分析了政府机制能够更好地解决公平问题，指出政府机构的官僚在现存制度约束下追求自己利益最大化问题，政府失灵同时归因于不可能及时获得足够的决策信息；市场失灵归因于其无法解决公平性、公共性和外部性问题。第5章分析了区域协调发展中土地要素配置的最优选择。第6章属于实证部分，一是构建了区域协调发展的评价指标体系，并利用中国1995～2017年的数据进行了测算；二是分别从土地出让方式、土地政策、土地整治及交通基础设施角度研究土地要素配置对区域协调发展的影响。第7章主要是区域协调发展经验的海外学习与借鉴。第8章主要是在理论分析与实证研究的基础上，提出构建我国区域协调发展机制的设计方案。第9章主要是对本书的学术努力、主要观点进行总结。

第 2 章

区域协调发展中政府
对土地要素干预的理论

中国政府实行分级管理是作为地域大国的一个必然选择，这就避免不了会涉及中央政府和地方政府之间的博弈，这是分区域管理涉及的一系列难题，其破解需要政府的顶层设计。从理论上说，市场机制的自发作用有可能缩小区域差异，也有可能扩大区域差异。从我国 20 世纪 90 年代中后期的实际情况来看，市场机制的作用是扩大了而不是缩小了区域差异。现实中，世界上没有一个国家完全实行市场经济。政府在区域发展上的干预既与政府对缩小区域差距的意愿强弱有关，也与政府影响要素流通能力的强弱有关。我国正处于转型发展的关键期，许多发展中的问题都离不开政府的干预。

2.1 政府的功能定位

政府在协调区域发展上的作用概括起来有以下七个方面。

第一，区域合作制度的制定者。区域协调发展需要政府对区域合作制度做顶层设计，以立法或政策条款的形式明确区域合作需要遵循的制度安排；完善财税调节制度，发挥财政转移支付的调节区域发展作用，明确转移支付制度的区域差异性与适用性，促进基本公共服务均等化发展。

第二，区域合作组织的指导者。若能够充分发挥区域合作组织作用，需要政府牵头成立区域协调机构，并需要形成一套完整的区域协调机构运行机制；而区域间非官方组织的协调，也需要政府发挥指导与监管作用，并为区域间非官方组织的可持续发展提供良好的发展环境。

第三，宏观调控机制的缔造者。我国政府管理区域协调发展应该做到"宏观做好、微观放活"和"区别对待、有保有压"。由于在协调发展过程中会产生利益的重新分配，而分配不均会成为各级地方政府阻扰区际协调发展的动机，因而要求政府尤其是中央政府实施相应的宏观调控机制，通过政府构建相应的调控机制，如财政体制机制完善、政绩考核优化等方面①。

第四，公共产品和公共服务的提供者。基本公共服务均等化是我国区域协调发展的重要目标，政府具有提供公共产品与公共服务的义务与职责，加上公共产品和公共服务具有较强的外溢性，私人部门无法全盘承担风险，需要政府的功能发挥。

第五，市场秩序的维护者。在区域协调发展中，政府与市场双管齐下，共同保证双方失灵下的发展正常运行，特别是市场失灵需要政府发挥干预作用，为市场秩序的维护提供强有力的支撑。

第六，社会保障体系的建设者。区域协调发展需要良好的区域社会保障体系，而这需要政府功能的发挥，要为实现区域福利改善努力，为区域要素流动强度增加的财政负担分享寻求出路。

第七，经济、社会和生态环境多维目标矛盾的调和者。当出现跨区域经济、社会和生态环境矛盾时，政府干预就是一种必备手段。

2.2 政府干预区域协调发展的理论

市场机制具有资源配置的优势，这一点毋庸置疑，但有关政府与市

---

① 改善宏观调控，推动区域协调发展［EB/OL］. 文秘帮，2019－04－05.

场关系的争论一直未果。事实上，正是在这种争论与发展进程中，人们对政府作用也随之不断深化与充实。

2.2.1 关于政府职能作用的理论分析

西方经济学对政府在经济发展中的职能作用的相关理论解释介于干预与不干预之间，大致经历了以下四个阶段：

一是政府对经济不干预时期，政府职能理论受古典经济自由主义理论的支配。这一阶段主要是在 20 世纪 30 年代以前，即自由资本主义时期。这个时期普遍推崇自由放任的经济政策，充分肯定了市场的作用，把政府的作用限制在狭小的范围内，只发挥"守夜人"的作用。

二是政府对经济进行强干预时期，政府职能理论受凯恩斯主义理论的指导，主要流行于 20 世纪 30 年代至 70 年代，基于 1929～1933 年世界性经济大危机背景下。最具代表性的理论是凯恩斯学说，它认为市场经济缺乏政府干预，会出现诸如有效需求不足、周期性危机等问题，防患于未然需要政府采取积极措施来加以干预。

三是政府对经济放弃或减少干预时期，政府职能理论受自由主义理论的影响。20 世纪 70 年代，由于石油危机触发了经济滞胀和高失业率，凯恩斯主义理论一时难以解决，导致了自由主义思想卷土重来。新自由主义主张回到自由市场时期，放弃或减少政府干预。

四是政府对经济进行适度干预时期，政府职能理论受新凯恩斯主义理论的影响。新自由主义理论忽略了企业的社会责任，使公共服务的质量得不到提高，由于新自由主义理论的这些失误，导致了 20 世纪 90 年代西方经济持续衰退，一些新自由主义学派的学者转向新凯恩斯主义，提出了政府必须对经济进行"适度"干预，加强社会责任的理论。

1. 古典经济自由主义理论

古典自由主义强调个人优先于国家存在的政治哲学，并主张自由放任的经济政策，认为政府存在的目的在于保护个体的自由。最典型的代表是亚当·斯密的《国富论》，他把政府职能限定在三个方面：一是保护本国的社会安定，使其不受其他社会的暴行和侵略；二是保护人民，不使社会中的任何人受其他人的欺侮和压迫；三是建设并保护某些公共事业及公共设施。亚当·斯密强调自由放任的经济思想，充分发挥市场配置资源的作用，完全忽视政府干预。自《国富论》出版后，"自由主义经济"就被西方资本主义国家视为经济运行的金科玉律。他们高度崇拜市场的万能作用，对政府作用的认识仅仅是"守夜人"的角色。

2. 凯恩斯主义理论

凯恩斯主义或称凯恩斯主义经济学，是根据凯恩斯的著作《就业、利息和货币通论》思想基础上的经济理论，主张国家采用扩张性的经济政策，通过增加需求促进经济增长。凯恩斯经济理论的主要结论是经济中不存在生产和就业向完全就业方向发展的强大的自动机制，因此他主张加强政府干预经济的力度：一是重视财政政策的作用，通过国家兴办公共工程等直接投资和消费来弥补私人消费和投资的不足，提高国民收入，实现充分就业；二是重视货币政策的有效性，通过货币总量控制来调整利息率，刺激投资，增加有效需求，达到充分就业；三是主张搞赤字财政，用举债方式兴办资本项目，增加投资，增加有效需求，增加就业量，政府干预是全面的，不仅市场失灵方面要干预，市场成功的地方也需要政府予以保护，以防出现市场失灵；四是要求政府不仅要干预生产，还要干预分配，创造有利条件，刺激经济增长，维护社会公正。

凯恩斯认为，由于存在"三大基本心理规律"，从而既引起消费需求不足，又引起投资需求不足，使得总需求小于总供给，形成有效需求不足，导致了生产过剩的经济危机和失业，这是无法通过市场价格机制调节的。他进一步否定了通过利率的自动调节必然使储蓄全部转化为投资的理论，认为利率并不是取决于储蓄与投资，而是取决于流动偏好（货币的需求）和货币数量（货币的供给），储蓄与投资只能通过总收入的变化来达到平衡。不仅如此，他还否定了传统经济学认为可以保证充分就业的工资理论，认为传统理论忽视了实际工资与货币工资的区别，货币工资具有刚性，仅靠伸缩性的工资政策是不可能维持充分就业的。

3. 新自由主义理论

新自由主义经济学派包含了货币学派、供给学派等，其中以弗里德曼为代表的货币主义理论主张重新回到了自由市场时期，强调政府失灵比市场失灵更可怕。供给学派主张用企业的自由经营取代政府干预。公共选择学派主张把经济学理论和分析方法用于政治社会领域，在政府决策和社会、个人选择之间建立起内在联系。无论是西方资本主义国家 20世纪 80 年代的私有化浪潮、俄罗斯的"休克疗法"，还是拉丁美洲国家进行的以"华盛顿共识"为基础的经济改革，都是新自由主义经济学的"经典之作"。新自由主义是在继承资产阶级古典自由主义经济理论的基础上，以反对和抵制凯恩斯主义为主要特征，适应国家垄断资本主义向国际垄断资本主义转变要求的理论思潮、思想体系和政策主张。

新自由主义继承了资产阶级古典自由主义经济理论，并走向极端，大力宣扬自由化、私有化、市场化和全球化。其基本特征有：一是私有化的所有制改革观，主张应迅速把公有资产低价卖（或送）给私人，认为私有制是人们"能够以个人的身份来决定我们要做的事情"；二是多要素创造价值的分配观，否定劳动创造新价值和私有制具有经济剥削性质，认为贫富两极分化是高效率的前提和正常现象；三是反对任何形式的国家干预，把国家的作用仅限于"守夜人"，反对马克思主义和新老凯恩斯主义的国家干预政策；四是主张一切产业都无须保护，应实行外向型的出口导向战略。

4. 新凯恩斯主义理论

新凯恩斯主义是凯恩斯理论与非凯恩斯某些理论的合成，这一时期具有代表性的理论有新公共管理理论和新制度学派理论。休斯在 1998 年认为：20 世纪 80 年代以来，西方发达国家政府的管理模式已发生了新的变化，以官僚制为基础的传统行政管理模式正在转变为一种以市场为基础的新公共管理模式。罗兹指出新公共管理的特点是：注重管理而不是政策，注重绩效评估和效率。奥斯本和盖布勒在《重塑政府》一书中提出新公共管理是一种"企业化政府"模式。以科斯为首的新制度学派把政府与市场看作是两种可以相互替代的资源配置方式，从产权理论上研究市场缺陷与市场失灵的原因，并提出自己的治理政策。经济合作和发展组织、世界银行的一些专家认为，政府和市场两种基本制度是相辅相成的，在促进经济发展中起着互补作用。

2.2.2 社会主义关于政府作用职能的理论分析

社会主义国家同样对政府在经济发展中的职能作用进行了深入分析。马克思、恩格斯在其国家学说中，对自由竞争资本主义乃至未来的社会主义国家的性质、职能及其发展趋势提出了不少有价值的科学理论和设想。同时以中国为代表的社会主义国家也在此基础上启动了自己的理论研究，提出了以共同富裕为目标，以宏观调控为手段，以公有制为主体多种所有制经济共同发展的中国特色的社会主义道路。

1. 马克思对政府职能作用的理论分析

马克思主义经典著作中并没有专门论述政府的作用，他们是通过对国家的起源、产生和作用来认识政府作用的。在马克思主义经典著作看来，国家具有政治和经济的双重职能。政府是从社会中分离出来的管理机构，"国家权力"不过是群居的人类维护共同利益、执行社会职能的需要发展而来的，任何政府只有介入社会经济活动和社会公共事务管理，才能最终实现统治阶级的利益。因此，任何阶级统治都是以实现一切的社会公共职能为前提的，任何一种社会制度的国家都是建设在一定规模的社会公共事务基础之上的，国家的政治职能都是通过社会职能体现的。马克思认为，国家具有两重性，一重是政治性，另一重是非政治性；相应地，国家作用和职能也具有两重性。这样国家的作用可以归纳为以下四点：（1）抵御外来侵略，平息内部争斗，维护国家主权完整，设置军队、警察、法庭等。（2）建立和维护社会公共秩序。国家要设置各种形式权力的职能部门，制定实施各种法律和政策。（3）提供各种公共基础设施和公共服务，如道路、桥梁、教育、卫生等。（4）向社会提供福利保护，如向孤寡伤残人员提供基本生活补助等。

2. 政府职能作用的理论分析

我国改革开放前实行的是计划经济。改革前的发展实践表明，高度集中的计划经济体制已经不适应我国经济的发展，改革开放前的行政性分权改革实质是一种"地方本位论"，政府干预经济的模式并没有发生根本性变化。要改变我国经济发展的落后局面，就必须以体制改革为突破口，实行市场化取向的经济体制改革。以党的十一届三中全会为主要标志，我国政府拉开了改革传统计划经济体制的序幕，党的十一届三中全会公报鲜明地指出："实现四个现代化，要求大幅度地提高生产力，也就必然要求多方面地改变同生产力发展不相适应的生产关系和上层建筑，改变一切不适应的管理方法、活动方式和思想方式。"① 我国政府职能转变的提出是与改革计划经济体制紧密联系的，市场化取向的经济体制改革为政府职能转变提供了全新的体制环境；同理，市场化取向经济体制改革的顺利推进，必然要求中央与地方各级政府干预经济社会发展的思维、方式、手段等方面发生根本性的变革。由此也表明，改革开放后我国政府职能转变的价值取向是服务于经济体制改革，为经济体制改革的展开与深化创造良好的环境与条件。

论及改革开放以来我国政府职能转变的历程与主要内容，必然要联系改革开放以来我国经济体制改革的历程与主要内容，因为政府职能转变是经济体制改革的必然结果，否则经济体制改革便不能取得实质性的进展，甚至会阻碍经济体制改革的推进。因此，经济体制改革是从扩大国有企业自主权开始的，但由于企业自主经营、独立核算所需的宏观环境并不存在，试点企业积极性的发挥没有带来社会资源的有效配置，反而引致了社会秩序的混乱。我国的改革开放是从农村的经济体制改革开始的，实行了家庭承包制度。农村家庭承包制的推行，表明政府放弃了

---

① 资料来源：中国共产党第十一届中央委员会第三次全体会议公报。

对农村经济、社会生活决策的垄断权，把经济社会决策权归还给了农民，由他们根据自己掌握的信息和各自的利益取向，分散地进行决策。这一举措极大地调动了农民生产经营的积极性和主人翁责任感，保证了农业生产的健康发展，克服了长期以来社会主义集体经营管理中存在的分配上的平均主义。改革开放在农村取得初步成功以后，我国又将改革推向了其他部门，此时政府的职能也在计划经济条件下发生了显著变化。

进入 21 世纪以来，随着我国经济体制改革进一步向纵深发展与融入经济全球化进程的加深，经济与社会发展也出现了一些新的特点与问题。为了巩固经济体制改革与经济发展的大好局面，我国政府立足本国国情，在分析世界其他国家发展经验的基础上，提出了科学发展观的国家发展战略，并且深刻认识到了不断把政府职能转变推向深入是贯彻科学发展观、实现我国经济社会和谐发展的关键。面对经济与社会发展中存在的经济增长方式转变滞后、公共服务相对短缺等方面的突出矛盾与问题，在新的经济发展阶段，我国政府转型的必要性与紧迫性日益凸显，党的十六届六中全会通过的《中共中央关于建设社会主义和谐社会若干重大问题的决定》明确要求"建设服务型政府，强化社会管理和公共服务职能也就是说政府在新形势下要扮演好两大角色：一是继续推进市场化改革，实现经济增长方式由政府主导型向市场主导型转变；二是强化政府在公共服务中的主体地位，加快建设公共服务型政府。"[①]

2.3 政府在经济发展中的作用

中国区域经济发展，需要对所有制结构、产业结构、企业结构进行调整。但应对区域的竞争，中央政府和地方政府还需从区域经济发展的角度助推区域发展制度的变革。

①　中共中央关于构建社会主义和谐社会若干重大问题的决定［EB/OL］. 中国共产党新闻网，2006 年 10 月 18 日。

2.3.1 中央政府作用

在市场经济条件下，社会经济活动和经济发展的主体是企业和劳动者个人，中央政府的角色是"为市场主体服务和创造良好发展环境"。那么，政府应该怎样做呢，本书认为可以综合为以下几方面。

第一，实施宏观调控政策，促进经济稳定增长。理论和实践都证明，在市场经济条件下，企业和个人按照利益最大化原则所实施的经济行为，既给经济发展注入了动力和活力，又是导致经济发展呈现周期循环状态的根源。那么，既要保持经济的活力，又不造成大的周期波动，就必须在不破坏企业和个人利益最大化规则的前提下，由政府实施适应时代情景变化的宏观调控政策。

第二，在不同地区之间实施差别经济政策，推动区域经济均衡发展。对于一个处于由不发达状态向发达状态转换过程中的大国来说，在发展的起步阶段，可能需要对某些地区实施特殊的倾斜政策，以激励这些地区以更快的速度发展，从而带动整个国家的发展。但是当发展水平达到某一高度以后，区域之间发展水平差异过大的矛盾就会突出出来，在这种情况下，政府就必须实施向低发展水平地区倾斜的政策，推动区域经济协调发展，扫除整个经济发展的障碍。

第三，制定适合于市场经济的法律法规，为企业和个人提供能够最大限度发挥其潜能的公平的制度环境。我们说市场经济是法制经济，指的是在市场经济条件下有一套所有经济主体公认、每一个经济主体都必须遵守的行为规则。把这些规则以法律或法规的形式固定下来，并对这些规则的执行进行监督是政府的责任。制定规则的最高原则是保证每一个经济主体能够最大限度地发挥其潜能，同时对所有的经济主体都公平。

第四，基础设施建设投资，为企业和个人的经济活动奠定物质基础。在市场经济条件下，企业和个人作为经济活动的主体，永远是以自身利益最大化为经济活动准则的，这也就决定了企业和个人所选择的经济活动项目往往更注重短期的收益和限制在局部的范围。而整个社会经济的良好运行和持续发展则需要长周期的、全局性的项目来支撑，企业和个人作为经济活动的主体，不可能在没有完善的物质基础条件下创造财富，政府在基础设施方面的投资实际上是为企业和个人的经济活动搭建了一个功能完善的物质平台。

第五，促进教育，为经济发展输送高素质劳动力。现代经济发展越来越显现出，在所有的经济资源中，高素质的劳动力是最重要的经济资源。高素质的劳动力来自高水平的而且是高度普及的大众化教育。就我国情况来说，政府要做的：一是真正认识到教育在提升国家竞争力和保持经济长期持续发展的战略作用，在资源有限的条件下尽可能多地向教育倾斜；二是加快教育体制，尤其是高等教育体制改革的步伐，把有限的资源真正用到教师和学生素质的提升及待遇改善上，降低教育成本，提高教育的效率。

第六，促进技术进步，提高国家经济的竞争力。市场经济是竞争经济，在竞争中保持有利地位的前提是创新，而创新的核心是技术进步。首先，潜藏于企业和个人的技术进步和创新动力需要通过政府的法律法规来开发和保护；其次，持久的技术进步往往依赖于基础研究所提供的肥田沃土，而基础研究的大量投入必须由政府来提供；最后，某些需要投入巨大人力和物力的重大科技攻关项目必须由政府来组织，而此类项目的突破往往能够带来持久和普遍的技术进步。

第七，防止环境恶化，确保经济的可持续发展。保护环境，防止环境恶化，政府负有不可推卸的责任。首先，政府应当划定明确的禁区，禁止企业和个人从事某些可能对环境造成无法弥补的损失的经济活动；其次，对那些虽然会造成环境损失，但仍在可以弥补的范围内的经济活动，政府应当制定规则，让当事人承担治理环境的成本；最后，政府直接投资某些环境治理项目。

第八，建立和维护社会保障体系，化解经济发展所引起的各种社会矛盾。由于社会成员之间能力、机遇的差别，即使在同样的市场经济规则中从事经济活动的不同个人，也会导致收入上的巨大差别。要使这种差距缩小，就必须由政府或在政府主导下建立起一个包括养老、医疗、失业救济、最低生活补贴等在内的社会保障体系，以使社会成员各得其所，化解各种社会矛盾，降低经济发展的摩擦系数。

2.3.2 地方政府的作用

区域经济发展包罗万象，既包括居民生活环境的改善，也包括经济结构的转变与公共事业的发展等。在市场经济条件下，整个社会的资源配置应该以市场为基础手段，区域经济发展也应该遵循着市场经济的基本规律，但市场并不是万能的，在区域经济发展的一些领域，市场是无效的或是缺乏效率的。这就需要地方政府发挥自己的作用，引导区域经济健康发展。

第一，制定科学的社会经济发展规划，引导区域经济发展。地方政府是区域经济发展的主导力量，引导本区域经济发展。首先，要根据中央制定的经济发展战略，明确本地区的社会经济发展规划，并确定发展规划的分步实施落实。其次，要根据本区域经济发展实际，确定本地区的经济发展政策。再次，要确定发展本地经济，引进人才、技术、资金方面的重点方向和目标。最后，制定良好的地方教育政策、人力资源开发政策、优化人才环境，实现人力资源与经济发展相一致、相互补充。

第二，完善政府公共服务职能，推动区域经济发展。地方政府公共服务职能，主要包括政府承担的发展各项社会事业、实施公共政策、扩大社会就业、提供社会保障、建设公共基础设施、健全公共服务体系等方面的职能。地方政府对区域经济发展起重要的推动作用。

第三，转变政府职能，进行政府管理创新。将公共管理作为地方政府管理的基本职能，凸显政府的公共服务职能。强化地方政府妥善协调利益关系的能力，保障社会公平正义。将解决民生问题作为地方政府管理的着力点。尊重市场规律，发挥地方政府特有的作用，淡化行政区划，强化经济区划，破除行政壁垒，优化区域经济布局。

第四，培养人们的市场意识，营造公平的市场竞争秩序。市场意识的建立是一个实践发展中升华的过程，政府首先要转变自己的价值取向，从自我主导型向市场主导型转变，下放权力，市场的事情依靠市场机制本身去调节。地方政府做好环境优化的布局，保障市场机制运行的良好环境。

第五，调整区域产业结构，发挥区域资源优势，大力发展主导产业。区域产业结构是区域内产业空间组合的状态，合理地利用区域资源、大力发展主导产业、求得更大的区域效益是地方政府的最终目标。从产业布局来看，由于长期受条块分割的影响，目前区域经济发展中产业结构同化现象较为突出。根据区域产业集聚理论，由于区域的主导产业在生产上或者在产品分配上有着密切联系，或者在布局上有相同的指向性，这些产业按一定比例布局在区域的某个优越的地区内，就可以形成一个高效率的生产系统，改善企业生产的外部环境，从而使区域整个生产系统的总体功能大于各个企业功能之和。从企业发展方面来看，为私人部门创造就业机会，提供资金支持和财政承诺；以区域内主导产业为主建立竞争优势；设立可量化的目标以监测其进展。

第六，培育和发展民间组织，完善经济发展的服务体系。鼓励建立各类民间组织。各级地方政府应积极推进体制改革，打破阻碍民间组织发展的制度障碍，为民间组织发展创造良好的制度环境，组建跨地区的民间组织，以民间的力量自下而上地推进地方政府合作，进而加快区域经济发展。民间组织可以对市场经济制度产生深刻的影响，它一方面会弥补市场组织功能作用可能产生的不良后果，抑制企业组织的非市场化行为和不良的市场行为；另一方面可以分解部分政府的经济职能，抑制政府权力无限扩张的趋势，保证市场机制作用的正常发挥。地方政府应鼓励这些民间组织发挥效用。通过这些自发的或官方促成的民间组织逐步提升企业战略、拓展市场深度和扩张市场容量。

2.4　政府在区域协调发展中存在的问题

无论是中央政府还是地方政府，对经济进行干预都可能产生不利于协调发展的因素。对于中央政府而言，阶段性的政策安排可能会导致不同区域出现发展失衡。对于地方政府而言，区域间的协调发展对于自身的利益会产生一定影响，从而导致封闭发展状态、竞争行为异化、角色定位错位和在微观层面进行直接干预等问题。

2.4.1 制度安排的影响

我国发展战略导向的改变，造成了国内各区域的发展差距拉大，利益格局由原来的相对均衡状态逐渐分化，地区之间的竞争日益激烈，从而使得落后地区面临着更大的发展压力。改革开放以来，先后实施了开放沿海区域、西部大开发、振兴东北老工业基地和中部崛起等政策，不可否认这些政策都提升了我国的经济发展水平和质量，但由此引致的区域间发展极化问题也同样明显。

2.4.2 财政政策倾斜难以转变传统思想

对相对落后的区域实施倾斜的财政政策，其目的是通过国家的财政投入引致的示范效应拉动民间资本的进入，进而促使该区域实现相对较快的发展速度。然而，一些落后区域往往受传统文化的影响较深而缺乏主动进取的意识，形成了较为严重的依赖思想。

2.4.3 地方利益驱动致使封闭发展与产业结构趋同

我国在东部和中西部地区出现了"中心—外围"分工格局，即中西部是资源生产区、粗加工工业区，而东部是深加工工业区。在实施改革开放以后的很长一段时间内，国家对中部和西部地区都没有实行政策倾斜。为了不被东部地区发展边缘化，中部和西部的一些地区为了发展相对幼稚的工业而采取了限制资源输出的策略，即构建了一种自成体系的门类齐全的封闭式经济体系。此外，各地政府为了促进本区域的经济增长，采取各种措施进行招商引资和发展封闭式的经济体系，致使地区产业结构趋同化倾向突出，表现为地区之间的工业结构相似程度居高不下。

2.4.4　地方政府竞争行为变化

随着市场导向的经济体制改革不断深入，我国区域经济关系由计划安排逐步向市场决定转变，以行政区划为单位的国内贸易逐步由行政安排转向市场配置。鉴于我国辖区竞争的主体是地方政府，而地方政府的行为在很大程度上与政绩考核有关，尤其在城乡二元土地管理体制下，地方政府既是补偿标准的制定者，又是征地行为的参与者，更是土地出让收益的占有者，并在分税制改革和"标尺竞争"的驱动下，地方政府有了实施"以地谋发展策略"的激励和动力，加剧了土地资源错配程度，此时会产生一系列阻碍区域协调发展的异化行为。

2.4.5　地方政府角色变化

在协调发展中，政府应该为区域发展制定出相应的规则，而不应过多干预微观经济的发展。然而，我国的各级地方政府通常积极参与经济的微观活动，通过直接干预的方式介入微观经济中，这在一些区域性的商品中表现得尤为明显。政府角色变化，一方面导致地方政府难以对区域内外的企业实施对等的国民待遇，另一方面致使难以出台规范的政策来引导辖区内正常的市场秩序的形成。

2.4.6　地方政府对资本市场的干预

在我国现行的财税体制和政绩考核制度下，如果某一区域的经济能够以更快的速度发展，既可以增加地方政府的财政收入，也可以提升地方政府官员的工作业绩。因此，地方政府一般对于外地企业的迁入采取了鼓励的措施，而对于本地企业的迁出则通常采取了种种阻扰手段，尤其体现在对本地上市公司的重组上。我国企业要做大做强就应该进行兼并和重组，但地方政府对资本市场的干预会加大企业通过资本市场实现跨地区扩张的难度。

第3章

区域协调发展中土地要素配置的市场机制

　　土地要素在我国促进区域经济协调发展中发挥重要作用。区域协调不仅需要政府制定切实落地的宏观土地政策，也需要在完善土地要素市场机制配置上发挥作用。要实现"公平"和"效率"兼顾的区域经济协调发展，政府可以通过区域规划管理、宏观政策调整促进土地要素在区域经济协调发展中的独特功能。同时，需要进一步明确政府和市场在土地要素配置中的关系，充分实现政府与市场的同频共振作用。

3.1　区域协调发展中市场的功能定位

　　从市场角度判断区域是否协调发展，主要考察是否实现了因地制宜，区域经济资源的优化配置，是否建立全国统一的市场规则、健全的市场信用制度、要素在区际之间流通顺畅。在区域协调发展中，市场机制基础性作用主要反映在以下几方面。

　　一是对资源配置起决定性作用。由于存在资源分布的差异，不同区域为形成互补或者协调发展的分工格局，通过市场的相对放开以吸纳外来资源就是一条必要的途径。以效率为原则的市场机制，应该成为配置资源的基本手段，同时辅之于政府干预实现区域内外资源的有效配置。

二是实现区域比较优势的充分发挥。市场的逐利性会抹平同一种要素在不同区域的价格相对差异。在国际或国内分工的格局下，任何区域都不可能发展故步自封的经济，市场开放是维持可持续稳健发展的重要途径。实现资源在不同区域的自由流动，既能够提升土地要素的使用效率，也有助于不同区域更快地实现协调发展。

三是促进土地要素有序竞争正常进行。经济秩序的形成既需要政府的强制性安排，也需要市场的自我调节。微观主体的各种行为，应该交由遵循优胜劣汰的市场原则去完成，进而在区域间形成有序的市场竞争。

四是校正政府干预的相对失灵。政府成为市场规则的制定者而非参与者，然而，我国的政绩考核制度和地方财政收入体制等因素决定了地方政府在很大程度上会对区域经济运转进行干预。通过市场的反馈作用，能在一定程度上纠正政府干预的不足或过头。

3.2 区域协调发展中土地要素配置的市场作用机制

关于市场机制及政府调控将对未来我国的区域协调发展产生怎样的影响，学术界则有不同的看法。一种观点认为区域发展差距将是市场经济发展也即市场机制作用的必然结果；另一种观点认为是政府调控不当的结果。导致理论界看法不同的重要原因之一就是人们对"政府调控和市场机制关系"的看法不同。主流观点认为政府调控和市场机制之间是矛盾的、非统一关系；然而本书认为二者是正向的、统一的和互动的关系，在区域经济协调发展中应结合政府调控建立完善的市场机制。

3.2.1 完善的市场机制是实现区域协调发展的基础

我国区域发展差距大的事实客观存在，导致人们在市场机制的认识上往往存在三大误区，即市场机制只追求短期利益；市场机制不能实现共同富裕；市场机制不考虑整体利益。事实上，市场机制下短期利益和长期利益既有差异也有统一。长期利益往往由一个个相互联系的短期利益所组成。相对于非市场经济来讲，市场机制更能注重长期利益和整体利益，而非短期利益。对于一个"经济人"来说，他不会只追求短期利益而忽视长期利益，恰恰相反，他会为了长期利益而常常忽视或放弃短期利益。实践证明，市场经济发达国家的区域差距都很小。城市富裕并不抑制乡村富裕，中心地区的发展并不抑制边远地区的发展，两者是正相关关系。

土地作为重要的生产要素，是任何经济活动都必须依赖和利用的经济资源之一。事实上，随着我国确立建立社会主义市场经济发展目标的同时，政府逐渐开放土地要素市场，不断放松土地交易权限制，向土地要素市场化改革推进。一方面，农村的土地要素市场化改革使农民获得了农用土地的交易权，允许农民以转包、出租、互换、转让、股份合作等形式流转土地承包经营权，发展多种形式的适度规模经营；另一方面，城市土地要素市场化改革则逐步构建城市土地市场结构，在保留城市土地国有的前提下，通过协议、招标、拍卖等方式将土地使用权出让给使用者，出让后的土地使用权可以进行转让、出租和抵押（钱忠好和牟燕，2013）。土地要素市场化提升了地价和房价，提高了政府和企业的融资能力，也改善了土地要素的配置效率，进而改善经济整体的配置效率（徐升艳等，2018）。

改革开放以来，我国区域发展差距拉大，从形式上看是由于市场化改革后市场机制发挥作用的结果，但从本质上看，则是除市场机制以外的包括政府调控在内的多种因素共同作用的结果。因此在分析我国区域差距时，首先要明确我国区域经济内部存在的主要问题是因为没有独立的、统一的、完善的市场，资源使用效率还很低下，竞争尚未充分，特别是欠发达地区的市场仍没有充分发挥出应有的作用，而不存在市场发育完善后带来的所谓"市场失灵"的危机，区域差距拉大也并非市场机制"有余"所致。实际情况是：一方面，一些发达地区之所以发达是因为市场机制相对完善，并利用了政府非均衡发展战略的政策红利；另一方面，因为欠发达地区的政府干预过多，市场机制也很不完善，导致了资源配置的低效率。这种源于政府和市场的共同作用而形成的差距，正是我们所关注的。因此要解决我国区域经济协调发展问题，就必须紧密结合我国国情，有甄别地借鉴吸收西方改革的有效经验，进一步强化市场在土地要素配置中的基础性地位。

凯恩斯在建立宏观经济体系时有一个暗含的假设：市场经济的调节机制在正常发挥作用。第二次世界大战后许多国家尝试运用凯恩斯的经济政策，其中美国取得显著成效的原因之一在于美国市场机制的完善性；但绝大部分国家并不成功，究其原因，是许多国家建立市场经济体制不够完善，市场机制还没有充分发挥作用。凯恩斯经济政策在美国运用，改善宏观环境，助力民本经济的发展。中国的国情是公有制经济，特别是欠发达区域，其国有经济成分比重更大，过多关注凯恩斯的政策有可能助长政府行为的扩张，抑制欠发达地区先天就不足的民本经济的发展，从而使区域差距拉得更大。因此，当务之急是完善社会主义市场经济体制，在产权制度、银行制度、投资融资制度和政府管理制度等方面进行比较彻底的市场化改造。欠发达地区政府必须采取进一步提高企业竞争力和启动民间投资的经济政策，大力支持民间经济的发展，使民间经济能迅速填补国债撤走后的空间，放手发挥市场机制的作用，使其真正成为内在增长动力。从这种意义上说，当前中国促进区域协调发展最好的宏观经济政策是搞好微观经济的市场机制，培育市场力量，让市场真正对土地要素配置发挥基础性的调节作用。在经济发展初期，市场的作用通常会导致欠发达地区与发达地区之间的差距进一步扩大。改革开放以来，我国力图强化市场对资源配置的核心作用，尽管全国的统一市场并未建立，但市场的作用不断扩大已成为不争的事实，区域差距正是在市场作用日益增强并朝着形成统一市场的方向努力的前提下发生的。因此，单纯依靠市场的力量不能解决区域经济发展的差距，区际收入趋同趋势不会在市场自发作用下自动出现。本书要采取一些矫正措施，单纯依靠市场机制的确会使我国的地区差距持续扩大。所以，本书既不能因为市场机制是一种较有效的土地要素配置方式，就不承认市场机制已经并必将进一步导致我国的地区差距进一步扩大这一倾向，也不能因为担心市场机制将导致地区差距进一步扩大，就终止市场化改革。正确的思维应该是，一方面应坚持市场取向的改革，另一方面又应对市场机制导致地区差距拉大始终保持一份清醒的认识，并及时地借助政府调控对之加以纠正。

3.2.2　区域协调发展需要市场机制和政府调控的结合

自发竞争的市场机制和协调竞争的政府调控机制，从市场经济诞生的第一天起就始终是相伴相随的。割裂二者，无论哪种机制都无法单独有效地维护一种生产率最高、资源配置最优、市场主体行为约束最好的秩序。割裂二者，就相当于割断了东部发达地区资金技术的要素优势与中西部地区资源优势的联系与互利，阻碍了区域经济发展的内生合作机制的形成和发达地区对落后地区的扩散效应或涓滴效应。我们看到，每当人们协调好市场和政府之间的矛盾关系时，社会经济就向前发展，每当这个矛盾趋于激化，把二者割裂开来时，社会经济发展就遇到阻碍。每当人们根据形势变化对矛盾双方的关系及时做出合理调整时，社会经济就顺畅发展，每当人们忽略了变化，矛盾双方的关系滞后于新的形势时，社会经济就面临新的危机。

若单纯利用市场机制来实施西部大开发、振兴东北等战略，其结果必然造成新的不公平、不平等，且将加剧地区发展的"马太效应"。实施区域协调发展战略，必须要有整体综合规划的理念，使市场机制和政府调控有机结合。制度变迁从某种程度上讲，就是一个"帕累托改进"的过程。对资源进行重新配置，使得某些人的效用水平在其他人效用不变的情况下有所提高，这种"重新配置"就称为"帕累托改进"。因此，区域协调发展既要让发达地区更发达，同时也要让不发达地区摆脱贫困和落后，缩小区域发展差距。

从市场机制和政府调控的关系来看，双方也是正向互动的关系。一个没有市场机制发挥基础作用的社会，其区域协调发展只能是一句空话。计划经济时期的低效率区域均衡，由于不考虑市场机制下投资效率的地域差别，客观上阻碍了国民经济的发展，从本质上讲是损害了政府调控所追求的共同富裕目标，是不合理的政府调控造成了区域发展的"隐性差距"。人为的政府调控机制既否定了各地区初始资源拥有和经济主体的天赋能力，更否定了经济活动中各区域自身努力程度的差异性。自然地，经济主体便缺乏向生产活动提供稀缺资源的努力与积极性。所以只能是低水平下的绝对均衡。从理论上来说，无论是市场机制的调节还是政府的主导作用，都可以实现土地要素的有效配置，问题在于单纯依靠其中任何一种机制，要达到土地要素充分有效的配置，都需要一系列条件，而问题的关键恰在于这些必备的历史条件都尚不完全具备，从而使得单纯依靠市场或单纯依靠政府调控实现土地要素最优配置具有极大的不现实性。正是由于政府和市场在理论上的"矛盾性和非统一性假定"，才导致了实践中我们对待市场机制和政府调控这两种手段时采取了非对称或非一致的态度。对于政府调控机制，往往将其置于主导地位上；而对于市场机制，将其置于政府指导之下的"基础"地位。

3.3 区域经济协调发展中市场作用方式分析

我国经济体制改革的目的是建立社会主义市场经济体制，经济市场化是大势所趋。因此，我们必须从经济体制转轨，从经济日益市场化这种大趋势去认识、寻找实现区域经济协调发展的方式。众所周知，经济市场化的最突出特点就是市场逐渐成为主导资源配置的基本方式。这一根本性的变化，对区域经济活动产生了多方面的、深刻而长远的影响。

在土地要素配置环节中，市场作用逐渐显现。如土地"招拍挂"制度的落实，强化了土地要素市场化交易，《中华人民共和国土地管理法》及国土资源部相关的部门规章规定，对于经营性用地必须通过招标、拍卖或挂牌等方式向社会公开出让国有土地。其含义是指经营性用地必须通过上述方式出让土地，统称为"招拍挂"制度。经营性土地使用权招标拍卖作为经营城市土地、规范土地市场秩序的重中之重，其理论上可以从源头上防止土地批租领域腐败的重要举措，也是提高经营城市土地水平、改善投资环境的根本性措施，比协议出让有着明显优势，让土地以更公平、合理的价格出让，减少人为干扰因素，杜绝腐败产生，对规范土地市场、提高政府对城市土地的管理水平、促进房地产市场的有序发展等方面都有着重要意义。

随着经济的市场化，政府主导型的区域经济将逐步弱化，企业正在成为区域经济活动的主体。过去，受长期计划经济管理体制的影响，区域经济发展主要是由政府来推动的。在一个区域中，政府可以通过经济发展计划、规划、政策，以及对国有经济的直接控制而左右着整个区域的经济活动。因此，调控区域经济，在比较大的程度上可以通过对地方政府的经济行为的控制来实现。随着经济市场化进程的推进，政府虽然在区域经济活动中仍有着比较大的不可忽视的影响，但是其过去所具有的决定性作用在不断削弱和淡化。究其原因：一方面是因为非国有经济的兴起。一般地，政府无论从产权，还是从人事等方面对非国有经济都缺乏直接控制权力。非国有经济更多地在按照市场经济的要求和基本规则进行发展。因此，非国有经济在整个经济领域里所占份额的扩大，就意味着政府对经济领域的控制或干预空间在缩小。另一方面是因为国有经济在改革过程中出现了巨大的变化，如受体制束缚、债务负担、管理不善、技术结构老化等影响，在发展过程中遇到了重重困难，大部分企业竞争力下降，许多企业甚至陷入困境而难以自拔；有一部分国有企业，特别是中小企业通过改制、出让、兼并等方式转化为非国有企业，国有企业在数量上也在减少；国有企业在改制过程中，经营自主权逐步扩大，企业为追求自身利益也在不断脱离政府的直接控制；国有经济在行业布局上调整的结果是在竞争性领域里的比重大幅度下降。所以，政府通过控制国有经济而对整个区域经济活动产生影响的空间和力度也在不断减弱。企业作为区域经济的主体，其行为是以追求利益最大化为导向，因而并不一定与区域经济发展的总体目标相对应。

市场经济运行有其特殊的要求。第一，市场经济是一种平等性经济。在市场经济中，各种经济活动主体是平等的，具有完全平等的权力和市场地位，排斥任何形式的特权，包括经济特权和政治特权。对于区域而言，理论上讲，各个区域都是平等的，区域之间不应该有主次之分，不应该以牺牲其他区域的经济利益来换取少数区域的经济增长或全国经济的增长。第二，市场经济是一种自主性经济。市场经济的各种经济活动主体是以自己的经济利益来决定经济行为，具有完全的自主决策权，是独立的经济实体自主决定所能够支配的土地要素的使用。它们的活动不应该受到来自外界，特别是行政的干预。在区域经济方面，每个区域的经济活动都将以本区域的经济利益为决策依据，独立安排本区域的经济发展，对来自上级行政部门的干预具有排斥性。第三，市场经济是一种竞争性经济，对经济利益的追求必然导致经济活动主体之间的竞争。竞争是价值规律的体现，只有竞争才能促进经济活动主体发展经济的积极性，才能实现发展机遇的均等。就区域经济而言，各个区域之间也是竞争关系。竞争给各个区域都提供了可能发展的机遇，同时也使它们承受着相应的风险。在竞争中，每个区域都有可能获得发展，但是也要经受优胜劣汰的洗礼。不在竞争中生存、发展，就将会面临停止或衰落。所以，竞争成为推动区域经济发展的一种强制力量。第四，市场经济是一种开放性经济。市场经济中的各种经济活动是开放的。由于经济活动之间的分工越来越细，相互之间依赖程度也就不断地加深，任何一种经济活动离开其他相关经济活动都会遇到发展甚至是生存的危险。只有对外开放，才能加快发展。因为，一方面，开放能够获得本身所不具备的某些要素，如土地、劳动力、技术和管理经验等，取他人之长，补己之短。另一方面，出于对自己多方面的利益的追求和获得外部发展条件、发展空间的需要，各经济活动也会要求其他相关经济活动对自己开放，以发挥自己的优势，创造发展机会。所以，开放既是来自内部的驱动，也是来自对外扩张的需要。在区域经济发展方面同样如此，我国改革开放实践已经很清楚地证明，越是开放的区域，经济发展就越快；相反，越是封闭的区域，经济发展就越慢。这就是为什么沿海地区比内地经济发展快的重要原因之一。区域开放的另一层重要意义是，开放能够使区域之间实现资源的优化配置，是提高全国土地要素配置效率的一个必要前提。第五，市场经济是一种法制经济。虽然，市场经济强调自主性和竞争性，但是，市场经济也强调必须使各个经济活动在有关法律规定的框架中进行。这个法律框架是以市场规律和基本的市场规则为基础的，是市场经济平等性和开放性的保障，也是合理的自主性和公平的竞争性的实现前提。市场经济只有在法律规范之下才能有序地进行，法制的建立和执行为政府介入经济活动提供了理由。政府的科学管理才能保障市场经济正常的秩序。区域经济的运行也必须有相应的法律进行规范。政府对区域经济完全有必要进行管理。

从上述对我国经济市场化进程中政府对区域经济影响的变化、市场经济基本特征在区域经济方面的体现等的分析，本书可以得到以下几点认识。

一是政府对区域经济直接干预的可能性、程度及效果都在趋向减弱。政府必须从传统的计划经济管理思维中走出来，对区域经济发展应该更多地采取间接管理的方式，进一步强化土地要素交易"招拍挂"制度。

二是随着企业在区域经济发展中的主体地位逐步确立，政府实施区域经济协调发展战略就需要根据这个大趋势来设计相应的政策手段，引导和利用企业的行为去推进区域经济协调发展。如企业的跨区域投资或扩张，就可以比较有效地突破地区封锁，消除地方保护主义所设置的藩篱，加强区域之间的交流。这样，政府就完全可以从政策上支持企业的跨区域发展，从这一方面达到推动区域之间经济协调发展的目的。

三是区域经济发展将会越来越追求各个区域之间的平等，以及在发展决策上的自主性。每个区域都将率先以维护和增大自身的利益作为决策的最基本准则，而不会过多地关注到其他区域的利益，而且在决策中受中央政府的约束可能会逐渐减少。那么，中央政府作为区域经济协调发展的推动者，就不得不在设计和实施有关的政策时要尊重各个区域在经济发展方面的平等权力，不应该像过去那样采取以牺牲某些区域的经济发展来换取少数区域的高速增长的做法，而是要考虑尽量给每个区域公平的发展机会。中央政府要想办法设计出一些新的政策手段去引导各个区域参与到区域经济协调发展这项重大的发展计划之中，并且使它们认识到在这个过程中都能够有所收获，才不至于在实施区域经济协调发展战略时受到来自某些区域的阻力，单靠行政要求而没有符合区域的经济利益的政策手段的推动是不可能真正调动或保持每个区域参与经济协调发展的积极性和主动性的。

四是在选择区域经济协调发展的方式时，必须承认区域之间在经济发展方面进行竞争的必然性和合理性，而不能简单地以过去"全国一盘棋"、区域之间要在全国经济利益的前提下进行由中央政府所确定的分工协作的观念去设想推动区域协调发展的途径。如果是按照后面的想法来选择促进区域协调发展的方式，在现实中就很可能行不通。区域之间既然存在经济发展方面的竞争，并且竞争是区域之间经济关系的主流，那么，中央政府就需要从这个角度去认识各个区域可能产生的经济行为，采取有针对性的措施来防止竞争性行为对区域经济协调发展可能带来的不利影响。

五是区域经济发展自身所具有的开放性，使得中央政府在选择区域协调发展的方式时有了一个可利用的切入点。区域经济的开放性说明各个区域之间在发展上具有一定的相互依赖性，开放是区域获得快速发展的重要条件之一，相互开放也是每个区域在经济向外扩张时的基本要求。中央政府完全可以利用区域经济的开放性来推进区域之间经济上相互交流与融合，使它们在发展上能够联系起来，形成一种关联互动的关系。一旦出现这样的局面，那么，区域之间也有可能实现协调发展。

六是区域经济发展需要法律规范。中央政府可以选择、制定有针对性的政策和法律来维持区域之间的正常经济秩序，促进区域协调发展，而不应该靠行政命令来使有关的区域服从中央的安排。

所有这些认识，都为我们选择土地要素配置方式促进区域协调发展提供了参考和指导。但是，也应看到，真正能够选择符合市场经济基本要求的区域协调发展方式目前仍然是一个有待深入探讨的问题。

3.4　区域协调发展中的政府和市场的关系

促进我国区域协调发展，是全面建成小康社会、加快推进社会主义现代化建设的重大战略任务，不仅关系到全国各族人民共享改革发展成果、逐步实现共同富裕，而且关系到国家长治久安和中华民族伟大复兴，具有重大的现实意义和深远的历史意义。近年来，我国区域发展的协调性明显增强，区域经济增长极的引领作用不断增强，对特殊地区发展的扶持力度显著加大，区域合作广度深度也持续拓展。但我国的区域协调发展还存在很多挑战，区域发展的绝对差距仍在拉大，区域协调发展的促进机制还不完善。因此，必须按照党的十九大对区域协调发展的要求，在资源环境承载能力范围内，加大力度支持革命老区、民族地区、边疆地区、贫困地区的发展推动，强化举措推进西部大开发形成新格局，深化改革加快东北等老工业基地振兴，发挥优势推动中部地区崛起，创新引领率先实现东部地区优化发展，以疏解北京非首都功能推动京津冀协同发展，以抓大保护、不搞大开发为导向推动长江经济带发展，充分发挥自身潜力，逐步形成主体功能定位清晰，东中西部地区良性互动，公共服务和人民生活水平差距不断缩小的区域协调发展格局（段娟，2016）。具体而言，就是要强化主体功能区的落实，根据资源环境承载力、现有开发密度和发展潜力，统筹考虑未来我国人口分布、经济布局、国土利用和城镇化格局，将国土空间划分为优化开发、重点开发、限制开发和禁止开发四类主体功能区，按照主体功能定位调整完善区域政策和绩效评价，规范空间开发秩序，形成合理的空间开发结构（张杏梅，2008）。

在明确由计划经济向市场经济转型的目标后，我国市场经济的建设是在"顶层设计"的引导下进行的；中央政府设定基本制度框架，地方政府、国有企业、民营部门同时在这个框架内进行了制度创新，在明确由计划经济向市场经济转型的目标后，通过不断的尝试与探索，逐步形成市场经济运行的基本秩序。

在改革开放初期，中央一方面通过价格的"双轨制"，放宽了国有企业生产和销售的限制，解决了基础生产资料生产的瓶颈；另一方面开始允许民间资本进行投资、生产，充分调动了国内资本的积极性，降低了商品市场和要素市场的流动壁垒（袁惊柱，2018）。并且，在以国内生产总值（GDP）为主要政绩衡量标准的行政体系内，地方政府执政目标与当地各类型经济主体利润存在制度上的激励相容。主要通过获取土地资源收益实现区域发展原始资本积累，各级地方政府招商引资和吸引外国直接投资也成为构建其政绩的重要内容和手段，这种"锦标赛"式的地方竞争，为中国经济发展提供了巨大推动力。虽然存在普遍的低效配置问题，但地方政府所主导的大规模基础设施建设，为市场的高效运行提供了必要的公共产品，这对市场而言是一种有力的补充，有效降低了经济运行所需要的整体交易费用。

3.4.1　土地要素配置中的市场失灵

土地要素的有效市场配置必须建立在完全的土地要素市场条件之下。市场机制并不是一种完美的机制，也并不是在所有的领域都能发挥作用。导致市场失灵的主要类型有：公共产品、外部性、自然垄断和信息不对称等。正是由于市场的失灵，为政府干预土地要素配置找到了合理的理由，而且没有政府的干预和调控，许多问题是难以得到解决的。但这并不意味着政府要长期地大范围地干预市场，更不应该直接作为市场主体，垄断市场。

3.4.2　政府干预对土地要素市场经济的扭曲

虽然改革开放以来我国土地经济呈现了突飞猛进的发展，但是随着土地要素市场经济制度的逐步建立，经济体制改革的结构性扭曲所蕴含的弊端也逐渐显现。政府和市场两重力量作用于土地经济体的运行，但二者的分工却并未得到有效合理的划分。在改革开放前期，政府在建设土地要素市场机制方面有着重要的制度贡献，但这种制度设计中依然存在十分浓重的计划色彩，具体而言，政府不仅是土地要素市场秩序、规则的制定者，还能通过权力与国有资本的联合，直接参与到土地要素市场游戏之中。这在一定程度上扭曲了土地要素市场经济，造成土地要素市场配置效率损失。

随着土地要素市场经济秩序的建立，金融业在整体土地经济发展中的重要性逐步显现。但在现实中，银行、证券市场对土地经济部门的服务作用并没有随之快速提升。作为地方政府的主要税收来源，国有资本和大型民营资本享受了更多的金融服务。但土地要素市场经济的发展归根结底需要各种规模、类型的企业进行异质性竞争。对于中小企业及微型企业而言，金融服务的可得性更为重要。政府庇护下的企业往往享有与生产技术和管理水平等无关的政策性成本优势，不利于土地要素市场竞争的充分展开，也阻碍了企业效率的提升。

3.4.3 区域协调发展需要市场与服务型政府共同作用

过去我国采取粗放型的要素驱动式增长，这种增长模式是建立在要素价格扭曲的基础上，我国也因此积累起最初经济起飞需要的资本，取得了自改革开放以来的经济快速增长。随着要素资源的越发稀缺，为实现社会进一步发展和经济可持续增长，我们亟待转向效率驱动甚至是创新驱动的发展模式，这就要求由市场机制来找准要素价格，并在此基础上提高要素生产率，政府的职能则是尽可能减少对市场的干预，减少腐败和寻租行为，并逐步摸索出在市场中的作用，发挥后发优势。等时机成熟，最终实现创新驱动，创新驱动不仅需要人才和技术，还需要政府和制度对人才、技术的保护和激励，更需要政府不断加强自身建设和维护市场机制的能力（孙久文等，2017）。

政府转型的关键，在于分清市场和政府的界限，明确政府职能。在市场机制能够解决问题的领域，政府应当退出；在当前机制、制度无法解决，但是通过完善市场机制能够解决问题的领域，政府也应当逐渐退出；政府的主要职能，是为市场参与主体提供公平的游戏规则，弥补市场机制配置资源时的不足。鉴于此，政府应当在以下方面改变当前所扮演的角色（王佳宁和罗重谱，2017）。

其一，应处理好国有经济和民营经济的关系。塑造市场主体通过企业改制，将国有企业塑造成自负盈亏、自主经营、自我发展、自我约束的微观市场经营主体。另外，允许多种所有制企业发展壮大，真正市场主体的大量存在才能形成真正的市场有效需求，市场机制才能发挥作用，土地要素才能真正得到高效配置。

其二，应逐渐退出要素市场，让市场机制在要素配置过程中发挥重要作用。在土地要素市场，应界定好土地的产权结构，让市场发现各类土地的价格，使之得到最优的配置。在信贷市场，还存在着对民营部门的歧视，金融资源难以在国有部门和民营部门之间实现优化配置，需要鼓励民间资本进入金融行业，参与金融行业的竞争。

其三，放宽土地审批权。土地是生产三要素之一，土地要素是一个地区经济发展的制约。没有土地，就难以吸引资本，在经济落后地区，地方政府招商引资，主要就是利用本地廉价的优势。经济发达地区利用的是配套和优质服务，但也离不开土地。2020 年 3 月 12 日国务院发布了《关于授权和委托用地审批权的决定》，明确将国务院可以授权的永久基本农田以外的农用地转为建设用地审批事项授权各省、自治区、直辖市人民政府批准，进一步深化"放管服"改革，改革土地管理制度，赋予省级人民政府更大用地自主权，方便地方政府更为快捷地将土地从产出效率较低的第一产业转到效率更高的第二、第三产业中，这将提高土地要素的配置效率。

第 *4* 章

区域协调发展中土地要素配置公平与效率的制度分析

4.1 制度的公平与效率的理论基础

4.1.1 制度引入

制度经济学家赋予"制度"一词至少有三种不同但相互联系的含义，为了区分新制度经济学家提出的三种制度含义或定义，将经济过程比喻成博弈可能是合适的，因为博弈论是制度分析的重要工具。通过将经济过程类比于博弈过程，不同的经济学家分别将制度看作是博弈的参与人、博弈规则和博弈过程中参与人的均衡策略。将制度看作是博弈的参与人的经济学家主要是沿袭康芒斯的思路，将制度等同于博弈的特定参与人，如格鲁奇认为"制度是构成统一整体的各个项目相互依存或相互影响的综合体或图式……经济制度被当作包括各个参与人按照规章和规制从事商品和服务的生产、分配和消费的组织安排的综合体"，① 制度可以是社会现象如家庭、国家、工会等。将制度视为博弈规则的学者包括诺思、舒尔茨和赫尔维茨等。舒尔茨将制度定义为一种行为规则，这些规则涉

---

① ［美］格鲁奇. 比较经济及制度［M］. 北京：中国社会科学出版社，1985.

及社会、政治及经济行为。诺思将制度定义为社会的博弈规则，或者更规范地说，它们是一些人为设计的、型塑人们互动关系的约束。赫尔维茨虽然认为制度是博弈规则，但其侧重于规则的实施问题，他认为规则必须是可实施的，或者是"可执行的"，唯有对人类行动的一组人为的和可实施的限定才构成一项制度，他运用纳什均衡概念使可实施性这个概念形式化，如果在别人遵从所设定的策略前提下，没有任何一个参与人有偏离其选择策略的动机，此时参与人的策略组合便被称为是纳什均衡。赫尔维茨对制度的理解已经接近于第三种观点，该观点认为制度是博弈的均衡，其代表人物有安德鲁·肖特（Andrew Schotter）、格雷夫（Greif）、巴里·温格斯特（Barry R. Weingast）、艾琳·杨（Allyn Young）和青木昌彦。青木昌彦将制度定义为"参与人主观博弈模型中显明和共同的因素——即关于博弈实际进行方式的共有信念"[①]。这种共有的信念是"博弈参与人的策略互动内生的，存在于参与人的意识中，并且是可自我实施的，这就如同均衡博弈论者所认为的那样""制度对应着（几乎所有）参与人共享的那部分均衡信念"[②]。基于此定义，那些被人们设计出来的，却不被人们所遵守的成文法和政府规制等不构成制度，只有当（几乎所有）参与人相信它时才能成为制度。

1. 制度的分类

制度可以从两个维度进行分类：一是从起源的方式看，制度可以分为内在制度和外在制度；二是从惩罚方式看，制度可以分为正式制度和非正式制度。外在制度被定义为外在地设计出来的并靠政治行动由上面强加于社会的规则，外在制度的实施是以国家暴力机器作为后盾。内在制度被定义为群体内随经验而演化的规则，"社会内在运转所产生的制度不出自任何人的设计，而是源于千百万人的互动"（柯武刚和史漫飞，2000），内在制度由个体的经验转化而来，因此内在制度的形成必定是一个长期的过程，它的形成过程类似于生物的演化过程。内在制度

---

①② ［日］青木昌彦. 比较制度分析［M］. 上海：上海远东出版社，2001.

不像外在制度一样，由外部主体强加的规则来约束，而是行动主体自发产生的，因此它不存在政治意志和强制力，而总是被"横向地运用于平等的主体之间"（柯武刚和史漫飞，2000）。从惩罚方式来看，制度可以分为正式制度和非正式制度。柯武刚和史漫飞（2000）认为，制度的非正式性和正式性的区分与实施惩罚的方式有关，即与惩罚究竟是自发地发生的还是有组织地发生有关。正式制度中对惩罚的规定和实施都要通过有组织的机制，可借用法治社会的国家机器，如军队、警察、司法机关等强制实施。在非正式制度中，对违背社会预期的行为施加的惩罚不能通过有组织的方式来定义和运用，它们都是自发产生的，如丧失群体成员的信任、社会名誉受到损失等，如见死不救虽然不受到法律的惩罚，但却受到社会舆论的谴责。新制度经济学代表人物诺思（2008）也认为制度包括正式制度和非正式制度，正式制度是指人们设计出来的一些成文的规定，包括国家中央和地方的法律、法规、规章、契约等；非正式规则是文化传承的一部分，是文化和传统长期延续性的结果，它代表社会主流的意识形态，是群体成员公开的认同的行为规范。由于诺思在学术界不可动摇的地位，他对制度的二分法成为学术界普遍接受的制度分类。

2. 制度的层级

制度有层次之分（见图4.1）。诺思认为，制度共包括三类：宪法秩序、宪法安排（即在宪法秩序框架内创立的操作规则，它包括法律、规章、社团和合同）、规范性行为准则；奥斯特罗姆将规则的层次分为宪法的规则、集体选择的规则和操作的规则，每一层次的规则都受制于上一层次规则并在上一层次的规则指导下对下一层次规则进行指导，每一层次规则的变更，是在较之更高层次上的一套"固定"规则中发生的。

理论上，规则越是细化，规则所规范的行为交易费用就越小，当规则细化到人们日常生活的每一方面时，人们的行为都像机械操作一样有章可循，不会发生犹豫、猜疑、争吵和诉讼，机械流水线式的行为大大降低了交易成本。传统的主流经济学也正是在这种假设下无限演绎着经济模型，换言之，规则总是被假设完善地外置于模型中。但现实中交易费用是为正的，规则的制定费用、实施费用、监督费用高昂到足以让人望而却步，随着规则的层级细化，规则的执行成本也随之提高。

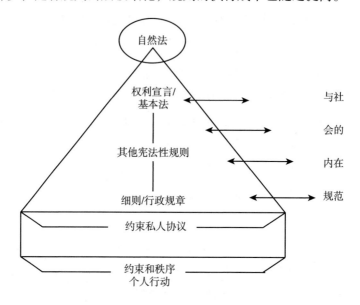

图 4.1　制度的层级划分

4.1.2　制度的效率

考察制度对社会整体经济效率的影响，是站在全社会的角度。假设社会的目标是力图最大化整体社会的经济效率——我们将整体社会的经济效率理解为最大化社会的金钱收益，那么整个社会的一切行为都将纳入市场交易中。这正是奥地利学派罗斯巴德在《权力与市场》中所提到的连政府也不必存在的真正的自由市场，也可以按卡尔·波兰尼（Karl Polanyi，1971）的说法称为"市场社会"。在市场社会中人们关心的一切都可以通过市场的自愿交易实现，在自愿基础上的交易使每个人的效用都达到了最大化，整个社会的效用也达到了最大化。正如罗斯巴德所说："我们必须声明，自由市场是一个所有交换自愿进行的社会。它可以被想象为没有任何人侵犯他人的人身和财产权利的情形。在这种情形下，很明显，所有人的效用在自由市场上实现了最大化。""纯粹自由市场使社会效用最大化，因为市场的每一个参与者都从自己的自愿参与中得益"①。

一个真正的完全的自由市场固然使社会经济效率得到了最大化的发挥，这样的社会也将不会存在强制的交易，更不会存在政府所控制的资源，自愿协商取代了强制，奴役被压缩到一个最小的空间，甚至被根除。约翰·洛克（John Locke，1690）在《政府论》中有这么一段论述，"一个真实的社会必然是存在着政府的社会，存在着公权力代理和运用的社会。政府被认为是不得已而存在的必要的'恶'。不论政府的功能是怎样，在这样的社会中，政府支配的资源越多，公权力涉猎的范围越广，自由市场受到的干扰就越大，经济效率就越低。如果一个社会完全实行以私有制为基础的自由市场经济，腐败也是失去了其运行的空间，因为在完全自由的市场经济中，不存在公权力对资源配置的介入，政府仅仅有布坎南意义上的'保护型政府'功能，强制执行那些经自由意志签订的契约，所有的资源配置都遵循了资源所有者自愿原则。"

然而，政府并不仅仅承接保护契约的功能，还承担着正义的生产，政府拥有大小不等的对资源配置的能力，而且现代政府拥有的权力已经远超保护契约和生产正义所必须的程度。正是国家权力的无限扩张，才导致了诺思"国家悖论"的产生：一方面，国家权力构成有效产权安排和经济发展的一个必要条件，没有国家就没有产权；另一方面，国家权力介入产权安排和产权交易又是对个人财产安全的限制和侵害，就会造成所有权的残缺导致无效的产权安排和经济的衰落。经济社会广泛存在着制度，区域协调发展就直接涉及市场经济、财税金融、对外开放、区域合作、法律法规、区域规划、生态环境等多领域政策，这些制度的差异是引起区域经济发展差异的根源。那么，如何去评价国家所颁布的制度的效率特性呢，或者评价一项国家制度的效率标准应是什么，这一标准的选择将直接关系到政策的制定。本书认为，使私人收益与社会收益接近是衡量制度安排效率的终极标准。"有效率的组织需要在制度上作出

① ［美］罗斯巴德. 权力与市场［M］. 刘云鹏等译，北京：新星出版社，2007.

安排和确立所有权以便造成一种刺激，将个人的经济努力变成私人收益率接近于社会收益率的活动"①，这里的"有效率的组织"是指一套制度，这套制度会使私人收益率接近社会收益率，换句话说，就是主流经济学中的私人活动的正的外部性。要解决这个问题，首要的是明确产权，产权一旦明晰，正的外部性问题即私人收益率与社会收益率一致的问题就迎刃而解。

4.1.3 制度的公平

自由的市场更有利于效率的增进。但是，一个有活力的社会，各种关系的网络必须建立在人的动机和人的利益的广阔基础上，物质所得和经济收入仅仅是推动人类活动的众多动机之一，物质利益的成功仅仅是成功的一方面。任何一个社会都拒绝把自身变成一台支付一定量钱币就可以换取一切东西的巨型售货机，这个社会需要公平和正义，由正义保障的权利不受制于政治的交易或社会利益的权衡。讨论公平问题主要有四种思路，一是寻求个人初始资源禀赋公平分配的原则，即参与市场竞争时的初始资源占有状态。这主要是政治学家和社会学家研究的范畴，罗尔斯《正义论》、森的《正义的理念》具有代表性。二是寻求公平分配的原则，即给定待分配的一组物品，假定每人都有平等的权利来享受此物品，合理的标准应是什么，标准的设定关系及机制的设计。三是以社会福利函数的名义寻求最优分配的理论解。经济学上，不同的公平观反映在不同的社会福利函数上，主要存在功利主义、市场精英主义和罗尔斯主义三种福利函数。四是直接校正市场结果的再分配理论，包括有关贫困和弱势群体的理论，都会考虑到再分配对效率的影响，在效率与公平之间寻求某种平衡。

尽管在理论上关于功利主义、市场精英主义和罗尔斯主义存在着争

---

① ［美］布赖恩·卡普兰. 理性选民的神话［M］. 刘艳红译，上海：上海人民出版社，2010.

论，大部分人或许都会认同，社会应该把一些权利普遍地平等地授予所有公民，这些权利不允许标上价格的标签。这些基本权利可被视为一种抗衡于市场支配的保护力量，正如罗尔斯所言："在一个正义的社会里，基本的自由被看作是理所当然的，由正义保障的权利不受制于政治的交易或社会利益的权衡"①。除了赋予民众普遍平等的权利外，收入再分配在社会公平和正义中的角色也占据着非常重要的位置。现代西方经济学家在分析收入分配的内容之时，考虑的范围已经不仅仅局限于收入或者商品了，还涉及自由、权利、能力等非收入和非商品信息。因此从区域协调发展的角度而言，中央政府对地方政府的再分配并不仅仅表现在税收的分配上，也体现在事权的划分上，同时也应该体现在能力的培育上。

4.1.4　区域协调发展的制度内涵

区域协调发展的目标根据国情、期望值、基础条件等不同，区域协调发展制度的内涵也就不尽相同。本书认为区域协调发展制度是为在不同区域之间及区域内部实现人口、资源、环境的动态平衡而实施的一系列规则。这一系列规则在市场经济、财税金融、对外开放、区域合作、法律法规、区域规划、生态环境等多领域广泛应用，促使多目标、多因素、多层次的复杂社会体系达成一致行动，实现区域的相互促进、共同增长、持续发展。像我国这样幅员辽阔的国家，不同区域之间地理地质条件、资源禀赋不同，历史基础、人文传统也有较大的差别，省或自治区尽管是一个行政区的概念，但在表征区域经济方面却常常是合适的，因为经济发展更多地取决于制度和政策，而制度和政策往往是以行政区为单位实施。随着时间的积累，行政区与经济区在一定程度上趋于吻合，区域差异很大程度上表现在行政区之间的差异。本章对区域发展失调的分析，也主要着眼于行政区之间的发展失调。

① ［美］罗尔斯. 正义论［M］. 何怀宏等译，北京：中国社会科学出版社，1988.

区域协调发展的制度至少应该包括四个方面内容。一是促进区域内部之间人均 GDP 差距保持在适度范围内。人均 GDP 是衡量区域内部之间发展差距的重要指标，在一定程度上可以反映区域经济发展的协调性。区域协调发展制度的一项首要任务，就是通过鼓励人的自由流动、区域之间优势互补和共同发展，以及建立适当的财政转移支付制度等方式，有效遏制区域内部之间人均 GDP 扩大的趋势，并努力使之保持在一个合理的区间内。二是提供均等化的基本公共服务，主要包括公共卫生、促进就业、义务教育、公共安全、公共文化、社会保障、防灾减灾等方面的内容，这些都是政府义不容辞的责任。区域协调发展制度通过改善教育、卫生、文化等设施条件，建立健全社会保障等制度措施，切实改善区域内的生产生活条件，实现这类服务不因地区的不同、人群的不同而有明显的差异。三是挖掘和发挥区域内部之间的比较优势。区域内部不同地区都有各自的比较优势，关键是看能不能将其挖掘出来。而只有充分发挥区域内部不同地区的比较优势，才能实现区域整体利益的最大化。区域协调发展制度通过合理有效的方式发挥不同地区的比较优势，消除区域之间的利益冲突，实现优势互补、互利互惠，提高区域整体国民经济的效率和发展质量。四是实现区域内人与自然和谐共处。区域协调发展制度是以不破坏生态环境为前提，在充分考虑区域资源环境承载能力的基础上，促进区域内欠发达地区的经济发展。区域协调发展制度在促进缩小区域经济差距的同时做到了开发有度、开发有序、开发可持续，切实保护好生态环境，真正达到人口、经济、资源环境相协调的状态。

4.2 土地要素配置中制度的效率审视

土地要素优化配置与土地市场化改革密切相关。在改革期间，中西部地区与东部地区之间差距的扩大与前者在土地要素市场化改革中相对滞后有密切关系，加速推进欠发达地区的土地要素市场化改革进程对于缩小地区之间的经济差距将有重要的意义。林毅夫（2018）等认为，传统体制下的以扭曲土地要素和土地价格为特征的宏观经济政策是导致中国地区间收入差距拉大的主要原因，致使现在的价格体系所形成的地区比较优势与该地区的土地要素禀赋相背离。他们指出，必须理顺宏观政策环境，建立全国统一的土地要素市场体系，保证土地价格体系真实反映土地要素的实际收益，从而有效地解决收入差距拉大的问题。这样的土地要素市场体系要具备各类土地要素能够自由流动、没有人为的抑价和抬价、在土地要素市场的供需变动中表现出它们的相对稀缺程度等特征。王小鲁和樊纲通过实证得出，导致地区之间经济差距的一个重要因素是地区之间土地要素市场化程度的差异。

前文已经指出，一个真正完全自由的土地要素市场固然使社会经济效率得到了最大化的发挥。福利经济学第一定理告诉我们：不管初始资源配置怎样，分散化的竞争市场可以通过个人自利的交易行为达到瓦尔拉斯均衡，而这个均衡一定是帕累托有效的配置。在真正的土地要素自由市场中，各类土地要素和土地交易在不同的区域和产业部门之间自由流动与实现，不同的区域和部门之间的利润率趋于平均化。尽管价格、偏好、技术及偶然性事件的发生可能打破均衡，在累积循环因果关系下逐步扩大，在部门与区域之间制造差距，但是，这些土地要素自由市场所制造的差距相对于由制度固化和放大的差距要小得多。正如卢梭所言："自然状态中的人差别是多么小，而社会状态中不同等级的人差别是多么大，由于教育和生活方式的不同，人类在自然上的不平等被社会制度所造成的不平等加深得多么厉害"[①]。因此考察区域发展失调的原因，可以考虑从土地要素市场制度入手，考察区域内各类土地要素配置效率是否得到充分发挥，以及考察土地要素市场机制是否完全确立。

改革开放40多年来，我国虽然已经建立了社会主义市场经济体制的基本框架，但在土地要素市场秩序建设与土地要素市场发育等土地要素市场经济体制建设的很多领域，仍然存在制约我国区域协调发展的问题。

一是土地要素市场秩序建设亟待加强。我国尚未建立统一开放、竞

① ［法］卢梭. 论人类不平等的起源［M］. 高修娟译，上海：上海三联书店，2009.

争有序的土地要素市场体系，区域之间的土地要素市场壁垒仍然存在，这影响了实现区域协调发展的土地要素配置的效率和公平。我国需要进一步改进土地要素市场监管体系。全国统一的社会信用体系尚未建立健全，土地要素市场主体的行为缺乏有效的信用监管。

二是土地要素市场发展严重滞后。首先，土地要素市场发育不健全。中国的土地要素市场是一个典型的"二元"土地要素市场，由于不完善的土地管理制度、经济体制等制度层面上的原因，土地要素市场被分割成城市土地要素市场与农村土地要素市场。两类土地要素市场之间难以流动，即使流动成本也是十分高昂。土地要素市场的价格决定也由于制度性障碍而出现了扭曲。其次，土地要素市场仍不规范。我国土地要素市场是一个典型的卖方垄断市场，离真正的市场化目标相距甚远。由于土地的公有制，其供给量往往取决于政府的偏好，地方财政体制严重依赖于土地的出让金，即是一种典型的"土地财政"。在农村，农民承包土地的经营权、农民宅基地的使用权、农民在宅基地之上自建住房的房产权若未被允许流转，导致农民缺乏资产性收入。正是由于要素市场发育的不健全，厉以宁指出，中国双重转型中最重要的问题是重新构造微观经济基础。

4.3 土地要素匹配中制度的公平性审视

公平具有其本身的重要性，公平具有"建构性"功能——公平是发展的重要目的。在判断经济发展时，仅看到国民生产总值或者某些其他反映总体经济扩展的指标的增长是不恰当的，还应看到社会公平、正义对公民的生活及其可行能力的影响，即公平和正义能够全面提升公民的生活及其可行能力，而且对政府产生一种强烈的约束和激励的机制。阿马蒂亚·森曾指出，"考察以政治权利和公民权利为一方，以防止重大灾难（例如饥荒）为另一方，二者之间的联系，政治和公民权利能够有力地唤起人们对普遍性需要的关注，并要求恰当的公共行动。对于人们的深切痛苦，政府的反映通常取决于对政府的压力，这正是行使政治权利（投票、批评、抗议等）可以造成重大区别的地方。这是民主和政治自由的'工具性作用'的一部分。"①

我国现有土地制度主要包含了城市国有土地的有偿使用制度、集体所有的农村家庭联产承包责任制及农村集体土地向城市建设用地的转用制度三种。而农村集体土地转为城市建设用地制度是建立在政府对土地一级市场垄断的基础上，导致土地利益分配有失公平性。政府既是征地补偿标准的制定者，又是征地行为的参与者，更是土地出让收益的占有者。从理性"经济人"逐利的角度看，地方政府的最优策略必然是压低征地补偿标准，提高土地出让价格，攫取"剪刀差收益"，这在一定程度上扭曲了土地市场经济，造成土地要素市场配置效率损失，同时，远低于市场价格的征地补偿行为给农村土地使用者造成了不安和不公。

4.4 兼顾公平与效率的区域协调发展

4.4.1 与效率相融的公平

从经济学的视角来看，经济效率具有实质性价值，是最基本的目的性价值。经济效率高意味着以低成本生产优质的产品和提供优质服务，更好地满足人们的物质需要。经济效率的提高是根本，一切道德评价的最终标准应当服从于它。然而，从伦理学的视角来看，经济效率仅仅是一个工具性的概念，属于人类经济生活，仅是人类生活价值的一部分，仅仅是实现人类的全面自由的发展的一种手段，是为更高目的：人的幸福、全面自由发展——服务手段的本性是善的。提高经济效率的手段必须受人的目的限制，服从于人的全面自由发展这一最高目的。

---

① ［印度］阿马蒂亚·森. 理性与自由［M］. 李风华译，北京：中国人民大学出版社，2006.

在经济学中，经济公平不是一种基本的目的性价值，其主要是一种工具性价值，它的价值在于它能够提高经济效率。但从伦理学的视角来看，经济公平不仅具有经济学意义上的工具性价值，而且内在地具有某种目的性价值。其目的性价值的主要表现是：经济公平是人在一定程度上摆脱了外在的剥削、压迫、奴役获得自由解放的一种表征，蕴含着对人们的物质和精神上的满足。正如罗尔斯所言："在一个正义的社会里，基本的自由被看作是理所当然的，由正义保障的权利不受制于政治的交易或社会利益的权衡。""某些制度，不管它们如何有效率和有条理，只要它们不正义，就必须加以改造或废除。"①

实际上，相当一部分的经济效率与经济公平是相互影响、相互促进的，两者之间未必产生对立、冲突。经济效率是实现经济公平的前提、起点。经济效率越高，经济公平达到的水平就越高，较高水平的结果公平就越有物质保障；而经济公平不仅有助于提高经济效率，而且是经济效率实现的重要保证。并非所有的公共政策必然导致效率损失，如基础教育、国民健康等基本公共服务是人力资本的投资，其不但不损害效率还会增进效率。在经济增长的份额中，有一部分效率是由于分配机制和分配结果的作用，由于人力资源品质的优化，带来了投入资源本身的变化，从而提高了劳动生产率。如果不能给各经济主体以公平的待遇，不仅会严重挫伤各主体的积极性和创造性，损害经济效率，而且还可能诱发社会的不稳定因素。可以说，没有经济公平的经济效率不能持久；没有经济效率的经济公平没有保障，它们谁也离不开谁，两者之间应该是一种相融的共生关系。

4.4.2 与效率冲突的公平："度"的把握

在对社会和政治权力领域的考察中，社会至少在原则上把平等的优先权置于经济效率之上，但当转入市场和其他经济制度时，效率获得了

---

① ［美］罗尔斯．正义论［M］．何怀宏等译，北京：中国社会科学出版社，1988.

优先权，而大量的不平等却被认可。正如罗尔斯主张将优先权交给平等、弗里德曼主张将优先权交给效率一样，不同的学者在效率和公平方面的优先权问题上各持己见，少许能同时增加经济效率和平等的光明前景是重要却又是十分有限的。如果平等和效率双方都有价值，而且其中一方对另一方没有绝对的优先权，那么在它们冲突的方面就应该达成妥协。这时，效率和公平往往不可兼得，为了效率就要牺牲某些公平，为了公平就要牺牲某些效率。国家在政策层面的任何一个选择都将影响全体民众的福祉，国家在政策层面应如何把握这个转换的"度"呢，或者，国家到底应该以什么代价用平等来交换效率呢？

就某一经济主体来看，经济效率与经济公平可能是统一的，但从整个国家来看，如果听任市场机制的作用，就可能导致资金、人才、技术向善于经营管理的经济主体、基础设施好的地区流动，出现经济学上的回波效应，导致富者越富，穷者越穷。贫富两极分化最终使人们所追求的自由、平等的价值目标成为空谈。经济制度的正当合法性需要以经济效率和经济公平两者同时来证明。经济制度的低效率或无效率既无合理性，也无道德正当性，是人们不可能接受，也无法持久的。判断经济制度正当合法性的另一伦理价值维度是经济公平，没有经济公平的经济制度也有损于人的自由、平等等基本权利。经济效率与经济公平是衡量一切经济制度的两大价值目标，这两个价值目标不能相互归并或替代，一种价值的缺失也不能用另一种价值来弥补。

市场经济必然导致市场主体之间的相互竞争。从某种程度上说，这种竞争是经济效率之源，是经济发展的动力，同时为个人的全面自由发展提供了物质条件和运作载体。但并非所有的竞争都能带来经济效益，只有公平的竞争才能产生真正的经济效益。市场垄断、地方保护主义是不公平的竞争，损害效率；过度的血拼式竞争也导致社会资源的严重浪费。从中外经济发展史来看，先富并不会自然而然地发展到共同富裕。社会竞争遵循的规律和轨迹是从先富到贫富分化，贫富分化到极端就会产生社会对立，甚至通过暴力手段实现均贫富。正如萨缪尔森指出：竞争市场的结果，即使是有效率时，也不会是社会方面值得向往的，竞争市场本身并不必然保证符合于收入和消费公平分配的社会理想的后果。在经济运行过程中，经济效率与经济公平之间常常不可避免地产生对立、冲突，不能兼得。不仅如此，有时还出现失业率高、通货膨胀率高、增长率低等现象，即市场失灵。为弥补市场缺陷，纠正市场失灵，客观上需要政府积极作为：制定一系列法律和政策，协调各个经济主体之间、各地区之间的利益关系，以便提高经济效率、维护经济公平。政府适当干预市场，协调经济效率与经济公平的对立与冲突已成为学术界的共识。我国作为一个后发的发展中国家，面临着与西方发达国家实现工业化初期完全不同的国际环境，这就决定了我国经济发展过程必然带有较强的政府目的性。如果政府对经济发展采取放任自由的政策，则只会导致各种矛盾更加尖锐化，引起社会动荡和不安。政府作为一个非市场组织，作为公共权力的拥有者，它不以营利为目的，旨在为经济主体提供一个良好的环境，为宏观经济发展提供必要的制度安排、秩序保障，维护和实现经济和社会公平。从理论上看，它可以超越个别企业和利益集团的局部利益，在各市场主体之间保持公正和中立，对所有的市场主体一视同仁。随着现代信息、统计、管理等科学技术的发展，公务员科学素养的提高，政府能够站在全局的战略高度，对宏观经济运行中出现的问题进行合理的预测、调控，避免社会经济发展产生大起大落、严重的经济危机，保障经济的可持续发展。政府的特殊身份和地位，使它成为协调经济效率与经济公平的最理想的角色。综上所述，政府有必要使经济效率与经济公平协调一致，使贫富差距不至于过分悬殊，把经济不公平控制在公众所能接受的范围内。也就是说政府对经济效率与经济公平的协调行为（主要是行政直接干预，行政立法、制定行政政策等行为）具有道德合理性。但政府协调只是经济效率与经济公平兼得的必要条件，而不是充分必要条件，即政府协调行为可能失灵。正如美国学者詹姆斯·布坎南所说，市场的缺陷并不是把问题转交给政府处理的充分条件。阿瑟·奥肯在《平等与效率》指出①：（1）平等与效率必须兼顾；（2）兼

---

① ［美］阿瑟·奥肯. 平等与效率 [M]. 王奔洲译. 北京：华夏出版社，1999.

顾的关键在于"度";"真正的问题常常在于程度,国家以什么代价用平等来交换效率",也就是要恰到好处地增进平等;(3)多数收入不平等的根源是机会不均等:"大部分对不平等来源的关注反映出一种信念:源于机会不均等的经济不平等,比机会均等时出现的经济不平等,更加令人不能忍受";(4)社会应当采取协调平等和效率的政策措施。

4.4.3 区域协调发展土地要素配置制度的矫正

1. 明确政府与市场的边界

前面已经指出,发展水平是制约协调发展的首要因素,也只有通过发展才能切实增强区域发展协调性。然而,政府适当干预土地要素市场,协调经济效率与经济公平的对立与冲突已成为学术界的共识。德国经济学家路德维希·艾哈德(2017)在《大众的福利》中说:一个现代的而且有责任感的国家决不能倒退回去充当"守夜人"的角色。卡尔斯·弗里曼也有相似的观点,他说:在第二次世界大战后的黄金年代里,我们增长最快、最繁荣的时期正是国家干预和管理在国内和国际上达到顶峰的时期。政府作为一个非市场组织,作为公共权力的拥有者,它不以营利为目的,旨在为经济主体提供一个良好的环境,为宏观经济发展提供必要的制度安排、秩序保障,维护和实现经济和社会公平。然而,政府的边界应该在哪里?

首先,公权力保护的领域不能过宽。公权力的存在意味着集体的行动可能是"民主"的,也可能是"集中"的。无论是前者还是后者,都意味着土地要素市场要么是遵照平等的原则配置,要么是在非经济竞争的秩序下配置。在平等的原则下,个人的决策对土地要素市场的运用没有决定性影响,选民的"理性无知"对"美德"的表达是免费的,对错误决策的责任是微不足道的,加上情感的认同和意识形态的偏差,将导致土地要素被低效率地配置。土地要素市场被"集中"运用时更难代表着"公共意志",所损失的效率可能更甚于"民主"决策。集体的行动中

"民主"和"集中"尚且存在这么多的缺陷，并将过多的私权交由公权力，将原本在私权领域运用得很好的土地要素交由集体行动将导致效率的损失和公意被扭曲。公权力一旦越出其固有的公共品性质的非经济领域而染指经济竞争领域，不仅会抑制土地要素市场领域赖以存在的私权，而且会扼杀土地价格机制的灵活性，造成土地经济领域效率的严重损失。公权力的边界过宽表现为将一部分经济活动纳入了公权力的范畴，原本这些经济活动由私权行使最能促进社会整体利益的增进，现在公权力将这些活动纳入其职责范畴，政府承担着经济发展的责任，造成土地经济资源大量地被集中于公权力部门。要求构建一种没有自由裁量权的配置标准几乎是不可能的；相反，要求公权力代理人在配置土地要素时审时度势意味着公权力代理人对土地经济资源的配置拥有极大的自主权，这容易衍生潜规则、腐败。

其次，公权力保护的领域不能过窄，即指公权力必须能确保社会成员的基本权利，保障非经济竞争法则的合理有序运行，保护社会的多元化。公共权力是全体组织成员共有、共享、共治的权力，保护社会的公平、正义，保证所有人的人权、自由、幸福是公权力的基本职能。思想、言论、信仰、受警察保护、享受义务教育、选举、婚姻等被认为是保障社会成员自由、幸福的基本权利，将这些权利赋予社会每一个成员，是社会正义的要求。罗尔斯在《正义论》中详细论述了社会正义，他认为作为公平的正义包含着两个原则：第一个原则是对每个人都赋予最广泛的基本自由和平等的权利；第二个原则是社会和经济的不平等应能给最少受惠者带来补偿利益（差别原则），并且地位和职务向所有人开放（机会的公正平等原则）。第一个原则是有关公民的政治权利部分，第二个原则是有关社会和经济利益的部分，第一个原则优先于第二个原则。作为公平的正义意味着效率原则本身不可能成为一种正义观，它必须以某种方式得到补充。效率原则必须受到某些背景制度的约束，只有在这些制度背景下，有效率的分配才被承认是正义的。因此，社会正义要求，必须承认自由和基本权利相对于社会经济利益的绝对重要性。如果公权力无法提供这些基本权利而是交由市场去调节，这些权利便会被贴上价格的标签，有钱的人就能获得更多选票、获得基本教育、获得警察保护，贫穷的人将丧失选举、受教育和受保护的权利，这会将大部分的社会成员置于贫困、愚昧、受威胁、受歧视的危险境地，它将蚕食着国家赖以存在的基础，腐蚀着社会的正义。

最后，政府在区域协调发展中应该起主导作用，政府的作用范围主要是提供公共服务与公共产品，弥补市场失灵，维护法律秩序，推进生态环境保护工作，体现社会公众为区域经济开发提供规划、指导和协调。协调发展应遵循的原则是在坚持发挥市场机制对土地要素配置基础性作用的前提下，充分运用政府宏观调控而并非是逆市场规律而行，对市场机制的调节及结果起促进或延缓作用，借此影响土地市场主体行为，实现政府战略意图。因此，政府应逐渐退出要素市场，让市场机制在要素配置过程中发挥重要作用。土地市场应界定好土地的产权结构，让市场发现各类土地的价格，使之得到最优配置。信贷市场还存在着对民营部门的歧视，金融资源难以在国有部门和民营部门之间实现优化配置，因此需要鼓励民间资本进入金融行业，参与金融行业的竞争。

2. 加快构建土地要素市场化体系

建立城乡一体化的土地市场体系。加快消除制约城乡协调发展的体制性障碍，促进土地资源在城乡之间均衡配置、土地各类要素在城乡之间自由流动，形成城乡统一的土地要素市场。加快建立城乡统一的土地要素市场，建立全国统一的土地要素市场体系，保证土地价格体系真实反映土地要素的实际收益，从而有效解决收入差距拉大的问题。这样的土地要素市场体系要具备各类土地要素能够自由流动、没有人为的抑价和抬价、在土地市场的供需变动中表现出它们的相对稀缺程度等。

3. 强化政府制定差别化土地要素配置

加大对中西部地区土地资源倾斜力度，促进全国区域协调发展。依据土地政策对区域协调发展的影响及实现路径的区域差异性，寻找区域协调发展的着力点，制定差别化的土地利用政策，密切配合区域协调发展措施的实施，最大限度地保证土地利用与区域协调发展战略的融合。加强土地利用的督查，提高区域土地利用效率，避免铺张浪费和重复建设，进而提升土地政策促进区域协调发展的效率；灵活调整国家土地政策，合理配置土地要素，使土地要素在各个区域发挥最大限度的效益。

第5章

区域协调发展中土地要素配置政府与市场的选择

本章首先建立一个理论模型对比市场与政府配置土地要素的效率。其次，分析现实经济中的土地要素在不同区域之间进行调配的实现机制。最后，在市场机制运行导致公平和效率不可兼得的约束条件下，分析通过政府土地要素再配置实现社会效用最大化的最优选择。

5.1 市场与政府配置土地要素效率对比

在经济包含着不确定因素的情况下，政府的资源再配置功能的确能够在提升居民效用方面做得更好。参照阿塞莫格鲁和戈洛索夫等（Acemoglu & Golosov et al.，2008）对政府和市场配置资源的效率进行对比，模型表明，政府由于掌握了居民更为全面的信息，因此能够根据这些信息在居民之间进行资源再配置，而市场只能在确定的居民类型之后，根据居民效用最大化的原则配置资源，在这种情况下，由政府配置资源，居民可能会获得更高的效用水平。对模型的模拟结果显示，政府配置资源在分散风险和平滑消费两个方面都比市场做得更好。如果能够对政府进行有效监管，降低政策性扭曲和寻租带来的福利损失，居民仍然会选择政府配置资源的方式。以下对政府配置土地要素与市场配置土地要素带来的整体社会效用进行比较。

5.1.1　市场配置土地要素

在市场配置土地要素的情况下，市场没有居民的历史信息，无法将风险在居民之间进行分散，居民在每个时期都要消费所有产出：$c_t^i = l_t^i$。在跨期可分性效用函数设定下，各个类型为 $\theta \in \Theta$ 的个体在时期 t 效用函数最大化，就产生了市场的均衡：

$$\max_{c,l} u(c,l \mid \theta)$$
$$\text{s. t} \quad c = l \tag{5-1}$$

在这个均衡中，类型为 θ 的个体在时期 t 都会选择等于劳动供给量的消费，即：

$$\bar{c}(\theta) = \bar{l}(\theta) : u_c(\bar{c}(\theta), \bar{l}(\theta) \mid \theta) = -u_l(\bar{c}(\theta), \bar{l}(\theta) \mid \theta) \tag{5-2}$$

如果居民效用函数为拟线性效用函数，那么在市场均衡中，劳动供应量的消费为 $\bar{c}(\theta) = \bar{l}(\theta)$，而且二者关系满足以下条件：

$$\frac{1}{\theta} g'\left(\frac{\bar{l}(\theta)}{\theta}\right) = 1 \tag{5-3}$$

这个条件的成立与效用函数 u 无关，也就是说，居民的消费决策不受收入效应影响，劳动供应量与风险厌恶水平无关。相比之下，在可分效用函数的设定下，居民风险厌恶水平提高将促使居民增加劳动的供给。

为对比市场配置土地要素和政府配置土地要素的效率，设定加总市场配置土地要素下居民将获得的效用水平，表示为 U^{AM}。令 $u(\theta)$ 为类型为 θ 的居民的效用。那么整体居民福利水平 U^{AM} 为：

$$U^{AM} = \int_{\Theta} u(\theta) dG(\theta) \tag{5-4}$$

5.1.2　政府配置土地要素

在政府配置土地要素的情况下，某个政府机构会被委托分配土地要素，该政府机构拥有强制力及居民的偏好和禀赋信息。假定政府官员在时期 t 的效用函数为：

$$\sum_{s=0}^{\infty} \delta^s v(x_{t+s}) \qquad (5-5)$$

式（5-5）中，x 表示政府官员的消费，$v: R_+ \to R$ 是政府官员的瞬时效用函数。政府官员的贴现因子 δ 可能与居民的贴现因子 β 不同。为了简化分析，假定政府官员从不参与生产，政府官员的效用 v 具有二阶可导性质，并对于所有的 $x \in R_+$ 都满足 $v'(x) > 0$ 和 $v''(x) < 0$，且 $\delta \in (0,1)$。

为了简化分析，本章主要分析个体类型和历史信息都是私人信息的情况，这将使得我们可以集中讨论政府基于全部私人信息配置土地要素产生的效果。同时，这一设定可以使我们聚焦于分析政府官员行为对政府配置土地要素的影响。

在个体类型和历史信息都是私人信息的设定下，可以用 $\{c_t(\theta), l_t(\theta)\}_{\theta \in \Theta}$ 序列代表政府配置土地要素产生的结果。函数 c_t 定义了从消费水平映射到劳动供给的函数：如果类型为 $\theta \in \Theta$ 居民供应了 $l_t(\theta)$ 单位的劳动，那么该居民的消费量是 $c_t(\theta)$。在这一规则下，居民有足够的动力坦白自身类型，选择与社会计划者期望一致的劳动供给量：

$$u(c_t(\theta), l_t(\theta) \mid \theta) \geqslant u(c_t(\hat{\theta}), l_t(\hat{\theta}) \mid \theta) \qquad (5-6)$$

式（5-6）对于所有的类型 $\hat{\theta} \in \Theta$、$\theta \in \Theta$ 和时期 t 都成立。由于每个时期都存在着 θ 不变的分布函数 G(θ)，当以上约束得到满足时，总的劳动供给为 $L_t = \int_\Theta l_t(\theta) dG(\theta)$，总的消费需求为 $C_t = \int_\Theta c_t(\theta) dG(\theta)$。

在市场配置土地要素的机制下，各个市场主体的决策顺序如下：首先，个体做出劳动供应决策，劳动供给量为 $[l_t^i]_{i \in I}$，其中 $l_t^i \geqslant 0$，此时产出为 $Y_t = \int_{i \in I} l_t^i di$。其次，政府官员选择消费 $c_t: [0, \bar{L}] \to R_+$，对于给定的居民劳动供给，政府官员会选定一个消费水平，同时决定了寻租数量 x_t。假定 x_t 不能超过 ηY，其中 $\eta \in 0, 1$，系数 η 衡量对政府官员寻租限制程度。此时，政府官员的预算约束是：

$$C_t + x_t \leqslant Y_t \tag{5-7}$$

其中 $C_t = \int_{i \in I} c_t(l_t^i) \, di$ 是总消费。

最后，居民联合进行选举，决定是否替换政府官员，由参数 $\rho \in \{0, 1\}$ 进行刻画，其中 $\rho = 1$ 表示决定替换政府官员，替换政府官员不会产生任何成本。

在上述政府配置土地要素的设定下，居民可以获得的效用水平为：

$$U^{SM} = \max_{\{c_t(\theta), l_t(\theta), x_t\}_{t=0}^{\infty}} E\left[\sum_{t=0}^{\infty} \beta^t u(c_t(\theta), l_t(\theta) \mid \theta_t)\right] \tag{5-8}$$

土地要素约束条件为：

$$\int c_t(\theta) \, dG(\theta) + x_t \leqslant \int l_t(\theta) \, d(\theta) \tag{5-9}$$

式（5-9）为类型 $\theta \in \Theta$ 消费者在时期 t 的激励相容约束，此时，政府官员面临的约束条件为：

$$\sum_{s=0}^{\infty} \delta^s v(x_{t+s}) \geqslant v\left(\eta \int l_t(\theta) \, dG(\theta)\right) \tag{5-10}$$

5.1.3 市场配置土地要素与政府配置土地要素的对比

本章采取数值模拟的方法来对比政府配置土地要素的效率和市场配置土地要素的效率。此处考虑了两种不同的效用函数，首先是拟线性效用函数：

$$u(c, l) = \frac{1}{1-\sigma}\left(c - \frac{l^{\phi}}{\phi}\right)^{1-\sigma} \tag{5-11}$$

在此函数设定下，劳动供应水平不受风险厌恶的影响。为了便于处理，此处将效用函数设定为具有固定替代弹性。第二种效用函数是在宏观经济和政府财政研究中常用的具有可分性的效用函数，因此也将该效用函数设定为固定替代弹性：

$$u(c, l) = \frac{c^{1-\sigma}}{1-\sigma} - \frac{l^{\phi}}{\phi} \tag{5-12}$$

在式（5-12）中，σ 是相对风险厌恶系数，$1/(\phi-1)$ 是劳动供给弹性。本章将个体的折旧因子设为 $\beta = 0.9$，相对风险厌恶系数设定为 $\sigma = 1/2$，同时选择一个劳动供给弹性的中间水平 $\phi = 2$。

假定政府官员的效用函数为：

$$v(x) = \frac{x^{1-\sigma_g}}{1-\sigma_g} \qquad (5-13)$$

政府官员效用函数的形式与消费者效用函数相同。其中，σ_g 是跨期替代弹性的倒数，设定 $\sigma_g = 1/2$、$\delta = 0.9$，与居民保持一致，制度对政府官员的约束系数设定为 $\eta = 1$。

假定居民的技术分布在区间 $\Theta = [\theta_l, \theta_h]$ 的 $N = 10$ 个档次的水平，不同的技术水平具有同样的出现概率。在基准的分析中，设定 $\theta_l = 0.38$、$\theta_h = 0.84$，θ_l 和 θ_h 的设定值的确定主要是为了便于计算，提高技术水平分类数量，不会对结果产生太大的影响。

不同技能水平的居民面临的税收水平存在差异。在米尔利斯（Mirrlees，1971）的研究框架中，消费的边际效用和劳动的边际负效用之间存在着一个如下形式的隐含税收楔子：

$$\tau(\theta) = 1 + \frac{u_l(c(\theta), l(\theta))/\theta}{u_c(c(\theta), l(\theta))} \qquad (5-14)$$

上述不同技能水平居民面临的税收差异之间的差异就组成了税收体系。

5.1.4 政府与市场土地要素配置效率对比

在以下的对比中，主要聚焦于分析政府配置土地要素与完全匿名的市场配置土地要素对居民带来的福利差异：

$$\Delta = U^{SM} - U^{AM} \qquad (5-15)$$

其中 U^{SM} 是政府配置土地要素的机制下，整个社会能够获得的效用，U^{AM} 是市场配置机制下，整个社会能够获得的效用。以下分别是两种不同的效用函数设定下，居民的风险厌恶系数所决定的政府与市场配置土地要素的效率差异（见图 5.1）。

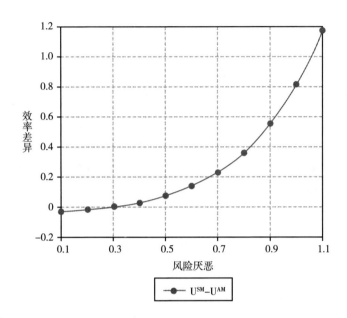

**图5.1　拟线性效用函数下不同风险厌恶因子
对政府市场土地要素配置效率的影响**

　　图5.1显示了拟线性效用函数设定下，政府配置土地要素和市场配置土地要素的差异，在非常低的风险厌恶水平下，市场配置土地要素的效率高于政府，当风险厌恶水平继续上升时，政府配置土地要素的效率高于市场。出现这一现象的原因在于，在市场配置土地要素、收入效用不存在的情形下，劳动供给和产出独立于风险厌恶水平，政府配置土地要素由于可以在个体之间进行风险分散，为个体带来的效用水平高于市场配置土地要素的情形（见图5.2）。

　　图5.2显示，在更一般的效用水平设定下，由于收入效应的存在，这一单调关系不再成立。在可分性效用函数中，收入增加将产生两种效果。从图5.2中可以看出，当风险厌恶增加时，对于保险的需求也增加了，政府配置土地要素的效率高于市场。然而，当风险厌恶进一步增加时，市场配置土地要素的效率开始进一步高于政府配置土地要素的效率，因此，政府和市场配置土地要素的效率差异呈现倒"U"型。

　　从本节的分析可以看出，政府配置土地要素和市场配置土地要素效率的差异主要决定于收入效应对居民的效用函数是否有影响，以及居民

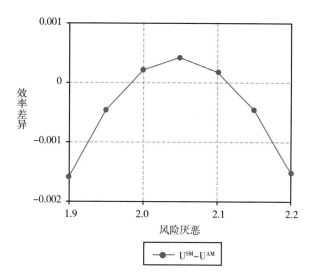

**图 5.2　可分性效用函数下不同风险厌恶因子
对政府市场土地要素配置效率的影响**

风险厌恶系数的大小。一方面，在收入效应对居民的效用没有影响的情况下，由政府配置土地要素带来的社会效用一般都大于由市场配置土地要素带来的社会效用，居民的风险厌恶系数越高，这个差异越明显；另一方面，在收入效应影响居民效用的情况下，政府配置土地要素在处于中间水平的风险厌恶水平下高于市场配置土地要素的效率。因此，本书的结论是：如果经济的不确定性很强，政府配置土地要素会带来社会福利的改进。在现实的经济生活中，并不存在完全由政府或市场进行配置土地要素的情况，一般都是在市场进行土地要素配置的基础上，政府对于市场失灵产生的弊端通过土地要素再配置进行弥补。以下将分析现实经济中的政府土地要素再配置的实现机制。

5.2　区域土地要素配置的机制分析

在现实的经济中，区域之间的土地要素再配置一般是通过区域政治力量进行博弈后获得的一个均衡结果。在这一部分，本书利用一个经济机制设计模型分析现实中以政治压力均衡为目标的土地要素配置实现机制。

由于经济发展水平的不同，一个经济体不同的区域对公平与效率偏好不同。较为发达的地区更偏好效率，欠发达的地区更偏好公平，资源在两个区域之间的再配置体现了效率和公平之间的取舍。两个区域对土地要素在区域间的转移数量进行讨价还价，并对中央政府的财政转移政策发出自己的信号，在二者政治压力均等情况下达到土地要素在区域间再配置的均衡点。

参考胡尔维奇和莱特尔（Hurwicz & Reiter，2006）对中国的土地要素配置决定机制进行分析。假定一个负责管理国家土地要素调配的政府机构具体决定土地要素在区域间的转移量。本书利用一个该政府机构控制的变量来表示土地要素转移的技术参数，令政府控制的变量为 $\lambda \in [0,1]$，表示经过标准化的土地要素再配置数量，$\lambda = 0$ 表示没有任何土地要素在两个区域进行转移，而 $\lambda = 1$ 表示发达地区的土地要素完全转移到欠发达地区（见图5.3）。

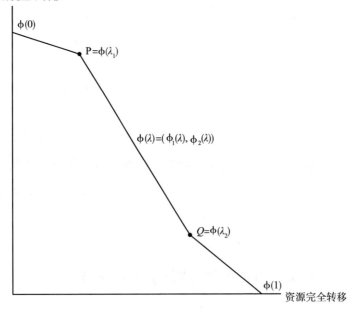

图5.3　土地要素转移集合

图5.3表示土地资源转移集合。其中的线性曲线是通过函数 ϕ：[0，

$1]\rightarrow R_+^2$ 形成的单位区间映像，且 $\phi(\lambda)=(\phi_1(\lambda),\phi_2(\lambda))$，$\phi_1(\lambda)$ 表示土地要素转移为 λ 的公平量，$\phi_2(\lambda)$ 表示土地要素转移为 λ 的效率量。

为了简化分析，假定曲线 $\phi([0,1])$ 是分段连续的线性函数。图中的点 P 和点 Q 是曲线 $\phi([0,1])$ 的导数的不连续点，与点 P 和点 Q 对应的 λ 值为 $\lambda=\lambda_1$ 和 $\lambda=\lambda_2$。获益于土地要素转移的包括欠发达地区的政府、劳动者。获益于土地要素转移的人们希望获得更多的土地要素转移。

另外，土地要素移出地的人们尽管也从土地要素转移带来的社会公平中获益，但还是希望减少土地要素转移的数量。本书假设两个区域的人们对于土地要素转移有着截然相反的偏好。

简单起见，假定存在着政治经济代言人 1 和代言人 2。代言人 1 代表欠发达地区的人群，代言人 2 代表发达地区的人群。代言人 1 知道，发达地区的人群都不支持鼓励更多土地要素转移的政治行动，自己未来能从发达地区人群中获得的支持程度取决于容许土地要素转移的 λ 值。若 $\lambda=0$ 是提议的土地要素转移量或现行的土地要素转移量，发达地区的人群不愿意付出更多的努力遏制土地要素的转移；若 $\lambda=1$，发达地区的人群就愿意付出更多的努力减少土地要素的转移。

类似地，代言人 2 知道，函数 $P_2:[0,1]\rightarrow R$ 的值是代言人 2 预期通过土地资源转移量 λ 形成的政治压力。函数 P_i 称为政治行动函数或简称 p—函数。本书能简单地将 p—函数作为初始已知的函数。本书直接对 p—函数做两个假定。首先，假定函数 P_i 在区间 $[\tau_{min}^{i\,max}]$ 的取值，$i=1,2$。区间的端点对应于代言人 i 能够承受的最小政治压力和最大政治压力。首先，假定函数 P_1 在 0 处取得最大值、在区间 $[0,1]$ 严格递减，而 P_2 在 0 处取最小值，在区间 $[0,1]$ 严格递增。其次，假定每个函数都是分段连续的线性函数；与 ϕ 图的三个线段相对应的三个线段形成函数 P_i。于是，代言人 1 的一个可能的 p—函数 P_1 通过代言人 1 在以下四个点的取值完全确定：

$$\lambda=0,\lambda=\lambda_1,\lambda=\lambda_2,\lambda=1 \qquad (5-16)$$

具体可以设想：

$$\tau_{max}^{1_{1_{1_1}}{}^{a2}=1_2{}^{1_1}_{min}} \qquad (5-17)$$

对于 P_2，可类似得到：

$$\tau_{max}^{2\,2b_1\,=\,_{21}b_2\,=\,2_2\,2_2_{min}} \tag{5-18}$$

根据上述符号，三个线段组成 P_1 的图，其端点分别是 $(0,\tau_{max}^{1\,1a_1})$，$((\lambda_1,a_1),(\lambda_2,a_2))$ 和 (λ_2,a_2)，$(1,\tau_{min}^{1}\,.\,\tau_{max}^{1\,1_2\,1_{min}})$ 的要求表示 P_1 在 0 处取最大值和在 1 处取最小值的严格单调假定。中间线段的两个端点对应于 φ 图的两个转折点。类似地，构成 P_2 的三个线段的端点分别是 $(0,\tau_{min}^{2\,1b_1})$，$(\lambda_1,b_1),(\lambda_2,b_2)$ 和 (λ_2,b_2)，$(1,\tau_{max}^{1})$。其中 $\tau_{min}^{2\,1_2\,2_{max}}$。具体的图示如图 5.4 所示。

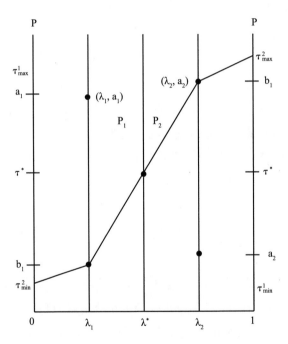

图 5.4　区域土地要素转移均衡示意

假定函数 φ 的形式固定不变，且每个代言人都知道函数 φ 的形式。因此，λ_1 和 λ_2 的值是每个"经济人"都知道的常数。为进一步简化问题，假定考虑的所有函数 P_1 都具有相同的最大值和最小值，所有函数 P_2 也都有相同的最大值和最小值。τ_{max}^{1}、τ_{min}^{1}、τ_{min}^{2} 和 τ_{max}^{2} 是每个代言人都知道的常数。于是，p—函数 P_1 仅通过 a_1 和 a_2 两个参数唯一确定。

类似地，通过 b_1 和 b_2 等两个参数刻画 P_2。因此，可能的环境组合

(P_1, P_2) 构成通过四个参数 $\theta = (a_1, a_2, b_1, b_2)$ 加以具体设定的环境。环境集 $\Theta = \Theta^1 \times \Theta^2$ 是所有满足 $\tau^{1_1 2_1}_{max}{}^{1}_{min}$，$\tau^{2_1 2_2}_{min}{}^{2}_{max}$ 的 (θ^1, θ^2) 构成的集合。因此，存在以下两个式子：

$$\Theta^1 = \{(a_1, a_2) : \tau^{1_1 2_1}_{max}{}^{1}_{min} \qquad (5-19)$$

$$\Theta^2 = \{(b_1, b_2) : \tau^{2_1 2_2}_{min}{}^{2}_{max} \qquad (5-20)$$

令 $a = \{a_1, a_2\}$ 和 $b = \{b_1, b_2\}$，必要时可将对应参数 a 和 b 的函数表示成 $P_1(\cdot, a)$ 和 $P_2(\cdot, b)$。

政府机构的职责就是要确定土地要素转移的数量，相当于选择 λ 值。政府知道函数 φ 而不知道函数 P_i，$i = 1, 2$。也就是说，政府不知道目前的环境，即：

$$\theta = (a_1, a_2, b_1, b_2) = (a, b) \qquad (5-21)$$

政府必须根据某种一致性的原则正当化自己的决策。对于每种可能的环境 θ，可以正式地利用与理想土地要素转移水平 $\lambda = F(\theta)$ 相联系的目标函数表示一个或多个的一致性原则。

土地要素转移的目标函数的决定可能取决于以下两个方面的问题：第一，整个经济体的状态；第二，政府可能偏好某个群体，希望有利于该群体。政府可能在没有考虑给予政治代言人的政治压力的情况下决定允许转移的土地要素数量。假设政府的决策考虑或者必须考虑政治压力，目标函数就应该反映政治压力的因素。尽管可能目标函数的集合相当大，但为尽可能简化问题，本书假定政府的目标是平衡政治压力。具体而言，本书假定政府希望选择使得代言人 1 和代言人 2 都承受相同政治压力的土地资源转移量。为解释这种情形，点 (λ^*, τ^*) 表示代言人都承受相同政治压力的政治经济环境。

为付诸实施，政府还必须以某种方式获得环境信息，从而可以解释或正当化其决策。政府必须设计系统的机制或过程，使得自己能够在每个可能的环境进行理想的决策。

现实中的实现机制是"经济人"（代言人 1 和代言人 2）不断通过对话形式向中央政府发送信息。这就意味着存在离散时间的信息交换或调整的动态过程。

在 t 期，中央政府宣布暂行土地要素转移方案 $\lambda(t) \in [0,1]$。代言人 i 回应信息 $p_i(t) = P_i(\lambda(t), \theta^i)$，$i = 1, 2$。在 t + 1 期，中央政府计算如下：

$$\Delta(\lambda(t)) = P_1(\lambda(t), a) - P_2(\lambda(t), b) \qquad (5-22)$$

并根据式（5-22）规则规定：

$$\lambda(t+1) = \lambda(t) + \eta(\Delta(\lambda(t))) \qquad (5-23)$$

调整 $\lambda(t)$ 的值，其中 η 是满足 $\eta(0) = 0$ 的 Δ 的函数。根据上述过程，中央政府提出土地要素转移方案，每个代言人都向中央政府回应一个信息，告诉中央政府自己可以施加的政治压力大小。如果欠发达地区施加的政治压力大于发达地区的压力，中央政府就采取更高的转移支付；如果欠发达企业施加的压力小于发达地区的压力，中央政府就采取更低的转移支付。两者的压力相等时，中央政府宣布自己的决策。

对函数 $P_i(i = 1, 2)$ 施加的假定保证了存在满足条件 $\Delta(\lambda^*) = 0$ 的唯一土地要素转移率 λ^*，且定义的调整过程收敛于土地要素转移率 λ^*。不过，部分环境的函数 $P_i(i = 1, 2)$ 并不满足我们的假定条件，此时中央政府对政治压力的反应可能导致更为复杂的调整和不同的结果。

现在我们集中讨论均衡的情况，可用验证设定实现与前述仅注意的动态过程的稳定点或均衡一致相同的结果。根据验证设定的规则，中央政府发布（发送给每个代言人）一个信息；代言人 1 和代言人 2 都获得中央政府发布的这个信息，每个人只回答"是"或"否"。这里假定两个代言人都如实回答。若两个代言人都回答"是"，中央政府就根据所谓结果函数的固定规则将自己发布的信息转化为土地资源转移率。现实中各个地区部门之间的沟通显然非常复杂和冗长，因此，实现目标函数的机制使用尽可能少的信息。

这一土地要素再配置机制在现实生活中具有非常好的可行性。若中央政府发布四维向量 (a_1, a_2, b_1, b_2) 的信息，且代言人 1 和代言人 2 都回答"是"，则仅就均衡而言，这种情形恰好相当于每个代言人都将自己的参数告诉中央政府。因此，此时的信息是 $m = (a_1, a_2, b_1, b_2; x)$，其中

$x \in \{是,否\} \times \{是,否\}$ 代表两个人的回答。

　　无论中央政府发布的信息具有何种性质，处于验证设定的代言人可能给出相同的回复信息的集合。因此，若希望最小化信息量，可以忽略代言人的答复信息 x，而集中关心中央政府发布的信息。在知道所有代言人都回答"是"时，中央政府便可基于大家一致认可的信息计算结果函数的值，并确定结果函数的值为资源转移数量。若该机制选择使用正确的结果函数，该机制就实现了目标函数。明显正确的结果函数是：

$$h(m) = h(a_1, a_2, b_1, b_2) = F(a_1, a_2, b_1, b_2) \qquad (5-24)$$

　　因为在只知道自己的参数而不知道其他人参数的情况下，每个人都可以决定是否回答"是"，所以以上描述的机制具有隐私保障的性质。因为中央政府知道自己发布的信息和结果函数，进而将代言人的回答转化成一个结果，形成了现实经济中的土地要素转移决策机制。

　　上述是现实生活中，以不同地区政治压力均衡为目标的土地要素转移数量实现机制。在这一机制下，土地要素转移数量的目标是双方政治压力相等，因此，这一转移数量对于社会整体福利来说可能并不是最优的。下面本书在社会福利最大化的目标函数下，讨论以基础设施投入为手段的最优土地要素再配置数量。

5.3　区域协调发展土地要素配置的最优选择

　　中国区域间的土地要素再配置中，相当大一部分是通过向不同区域基础设施投入实现的。例如，西部大开发的一个重要内容就是基础设施的大量投入，而经济体的基础设施状况会显著影响经济发展绩效（Bank，1994）。本章节在新经济地理学的框架下，讨论在整体社会效用最大化目标下，政府以基础设施投资为手段的土地要素再配置最优决策。

　　卡德隆和塞汶（Calderón & Servén，2004）强调，基础设施主要从经济增长和收入不平等两个方面对经济体产生影响。经济增长方面，很多研究发现基础设施建设会促进经济增长。阿绍尔（Aschauer，1989）的一系列研究均发现，基础设施对全要素生产率有着显著的促进作用。后续研究对其实证结果进行了质疑，但总体上阿绍尔的结论仍然是成立的（Gramlich，1994）。特别是，卡德隆和塞汶（Calderon & Servén，2003）细致分析了三种基础设施（通信、交通和能源）对产出的不同影响，显示出基础设施资本存量对经济的影响显著高于其他物资资本。然而，基础设施与长期经济增长的关系少有人关注。在仅有的研究中，艾斯特雷和雷贝洛（Easterly & Rebelo，1993）发现交通和通信的公共资本支出将会有利于经济增长。桑切斯·罗布尔斯（Sanchez-Robles，1998）关于物资基础设施，以及艾斯特雷（Easterly，2001）、洛亚扎和法金兹伯（Loayza & Fajnzylber，2005）关于通信（电话密度）的研究证实了这一点。另外，有研究发现，无效的公共基础设施供给甚至可能阻碍经济的增长（Devarajan & Swaroop et al.，1996；Esfahani & Ramírez，2003）。

由于公共基础设施对不同水平收入的劳动者具有非对称的影响，公共基础设施也会影响收入不平等（Ferranti & Perry et al.，2003）。公共基础设施对于低收入者的帮助更大（Brenneman & Kerf，2002）。原因在于，基础设施建设有助于人力资本的积累：更安全的公路将提升儿童入学率，电力的供应延长了学习的时间，清洁水资源的可获得性降低了儿童的死亡率。良好的基础设施也能将欠发达地区与发达地区连接起来，进而提高欠发达劳动者的工作机会（Estache，2003）。最后，欠发达地区基础设施改善降低生产和运输的成本（Gannon & Liu，1997），缩小了不同区域的差距。可以看出，基础设施建设对于经济增长和收入不平等都至关重要，具体影响取决于基础设施的种类。现有研究取得的共识是，基础设施是经济增长的必要非充分条件，适宜基础设施的有效供给（物质上和制度上的）比单纯的扩张性财政政策更为重要（Sugolov & Dodonov et al.，2003）。

本章节在"新经济地理学"的理论框架下，讨论由政府决定的在不同区域进行基础设施投入对区域均衡和经济增长的影响，进而分析以公平与效率组成的社会效用函数最大化条件下，最优土地资源再配置数量。新经济地理学的理论认为，经济体区域经济发展失衡主要源于不同区域经济密度外部性差异循环累计的优势自我强化结果。在区域经济密度分布的决定机制中，商品和要素能否顺利流动至关重要，而这在相当大程度上取决于基础设施的效率。本章节首先分析能够提升货物流通效率（运输成本）和信息流通效率（沟通成本）的基础设施对经济增长及经济集聚的影响，模型从新经济地理学视角提供了一个分析基础设施、经济增长和集聚经济三者关系的统一框架。模型结果表明，提升发达核心区域的基础设施，同时有利于经济集聚和经济增长。这也意味着，经济增长与地区均衡发展二者不可兼得。此外，改善连接两个区域的基础设施，会导致区域间不平等状况恶化。在获得以上由市场机制产生的约束条件基础上，我们设定了由公平和效率组成的社会效用函数，分析政府在不同区域以公共基础设施投入为手段的最优土地资源配置。

5.3.1 理论模型

本章节参考已有文献（Martin & Ottaviano，1999，2001），建立一个经济增长由产品创新和知识溢出共同驱动的模型，对比政府不同的公共资源投资决策对经济的影响。模型将经济体划分为两个区域，以下分别称为西部地区和东部地区，两个地区的劳动力数量都为 Q 且不可流动，每个劳动者供应一单位劳动。在此设定下，劳动力的数量 Q 衡量了地区的劳动力禀赋。两个地区都具有同样的初始知识资本 K_0，知识资本由以追求利润最大化的知识资本生产部门生产，生产知识资本的企业可以在区域间自由流动。知识资本生产部门在完全竞争的跨区域债券市场发售债券为生产活动融资，债券回报率为 r（t）。由于西部地区和东部地区情况类似，我们以东部地区为例进行分析。

1. 消费者

消费者效用取决于基准商品 Y 和多样化商品 D 两种商品的消费量。

效用函数表达式为：

$$U = \int_{t=0}^{\infty} \log[D(t)^a Y(t)^{1-a}] e^{-\rho t} dt \qquad (5-25)$$

其中：

$$D(t) = \left[\int_{i=0}^{N(t)} D_i(t)^{1-1/\sigma} di\right]^{1/(1-1/\sigma)}, \sigma > 1 \qquad (5-26)$$

表（5-26）表示一个商品 D 之间具有固定替代弹性函数的消费篮子。$D_i(t)$ 是对 i 种商品的消费量，$N(t)$ 是经济中多样化商品的数量。效用最大化条件下，每个时期消费者总支出 E（t）中对多样化商品的消费支出份额为 α，对基准商品消费支出份额为 1-α。对多样化商品的支出总量为 αE(t)，花费在各商品的数量取决于商品的价格。其中，对商品 i 的需求为：

$$D_i(t) = \frac{p_i(t)^{-\sigma}}{P(t)^{1-\sigma}} \alpha E(t) \qquad (5-27)$$

式（5-27）中：

$$P(t) = \left[\int_{i=0}^{N(t)} p_i(t)^{1-\sigma} di\right]^{1/(1-\sigma)} \qquad (5-28)$$

式（5-28）是与一篮子消费品相对应的价格指数，σ 为各类商品之间的替代弹性。跨期效用函数最大化，决定了消费者支出的增长方程：

$$\frac{\dot{E}(t)}{E(t)} = r(t) - \rho \qquad (5-29)$$

在式（5-29）的推导中我们利用了式（5-25）中的跨期替代弹性为 ρ 的条件。

2. 企业

传统产品的生产处于完全竞争环境下，使用劳动作为唯一的投入品，生产函数具有固定的规模报酬。本书将单位投入品设定为 1，利润最大化条件下，Y 的价格等于劳动者的工资，这意味着两个区域的价格和工资相等，将商品 Y 设为基准商品，那么工资也被标准化为 1。

多样化商品的生产处于垄断竞争环境下，生产过程需要固定和可变两种投入品，并具有递增的规模报酬。其中，固定成本为知识资本，可变成本为劳动投入，假设生产单位多样化商品消耗一单位知识资本与一单位劳动。在上述设定下，知识资本存量 $K^w(t)$ 决定了经济体中的产品种类。均衡条件下，每种商品仅由一个企业生产，因此，$K^w(t)$ 也决定了企业的总体数量。由于知识资本能够自由流动，多样化商品在哪个地区生产取决于企业的进入决策，此处假定东部地区企业数量为 $n(t)$。在任意时刻，都有大量潜在进入企业对知识资本展开竞争。由于资本供给是固定的，进入企业对于知识资本的竞争导致所有利润都为知识资本拥有者所有。

多样化产品的交易受到交通运输成本的影响。交通运输成本在模型中被表示为能消耗运输商品一部分的冰山形式，$\tau_E > 1$ 和 $\tau_R > 1$ 分别为东部地区企业将产品运往本地区和西部地区对产品的消耗，$\tau_W > 1$ 和 $\tau_R > 1$ 分别为西部生产者将产品运往本地区和东部地区对产品的消耗。τ 越大，表明交通基础设施越落后。假定区域内部的交通成本小于区域之间的交通成本，并且东部地区内部的交通成本更小：

$$\tau_E < \tau_W < \tau_R \tag{5-30}$$

式（5-30）对区域交通成本大小的设定决定了东部地区为发达的"核心"地区，西部地区为不发达的"外围"地区。在模型的商品需求函数与生产函数设定下，所有的企业都面临着同样需求弹性 σ 和边际生产成本 β。因此，利润最大化条件下，产出价格等于边际产出的固定加成：

$$p = \frac{\sigma}{\sigma - 1}\beta \tag{5-31}$$

消费者的购买价格包含了产品的运输成本：

$$p_E = p\tau_E, p_W = p\tau_W, p_R = p\tau_R \tag{5-32}$$

相应地，企业利润为：

$$\pi(t) = \frac{\beta x(t)}{\sigma - 1} \tag{5-33}$$

其中，$x(t)$ 是企业产出规模。

最后，在式（5-32）的设定下，价格指数式（5-28）可以写为：

$$P(t) = pN(t)^{\frac{1}{1-\sigma}}[\delta_E\gamma(t) + \delta_R(1 - \gamma(t))]^{\frac{1}{1-\sigma}} \tag{5-34}$$

其中 $\gamma(t) = n(t)/N(t)$ 是东部企业占总体企业的比例，$N(t) = K^w(t)$ 同时

代表着企业数量和知识资本存量。参数 $\delta_E = (\tau_E)^{1-\sigma}$ ($\delta_W = (\tau_W)^{1-\sigma}$) 和 $\delta_R = (\tau_R)^{1-\sigma}$ 表示区域内和区域间的交通成本，取值在 $0 \sim 1$ 之间，并且有 $\delta_E > \delta_W > \delta_R$。

3. 创新

知识资本 $K^w(t)$ 由追求利润最大化的知识资本生产部门生产，生产函数具有固定规模报酬，产品处于完全竞争的市场。马丁和屋大维（Martin & Ottaviano，1999，2001）强调了经济集聚将通过本地知识溢出和中间商业服务影响知识资本的生产效率。以下形式的知识资本生产函数同时体现了这两种作用渠道：

$$\dot{K}(t) = A(t) \left[\frac{D(t)}{\varepsilon}\right]^{\varepsilon} \left[\frac{Q_I(t)}{1-\varepsilon}\right]^{1-\varepsilon} \qquad (5-35)$$

其中，$\dot{K}(t) = dK(t)/dt$ 是时期 t 创造的知识，$Q_I(t)$ 是知识资本生产中投入的劳动量，$D(t)$ 是一篮子中间商业服务投入。为了便于分析，该投入被假定为与消费篮子相同。$0 < \varepsilon < 1$ 是知识资本生产活动中商业服务投入的份额。$A(t)$ 表示知识资本生产的全要素生产率。由于知识资本生产效率受到知识溢出的影响，假定 $A(t) = AK^w(t)^{\mu}[\omega_E\gamma + \omega_R(1-\gamma)]^{\mu}$，其中 A 是常数项，$A(t)$ 是知识资本存量 $K^w(t)$ 的增函数，系数 μ 为知识溢出的程度，符号为正。知识扩散受到沟通成本 ω 的影响，ω 的符号为正并且小于 1。ω_W 衡量了知识从东部地区扩散到西部地区产生的耗散，ω_R 衡量了知识从西部地区扩散到东部地区产生的耗散，ω 越大，意味着电信基础设施越好。参照对交通成本的设定，假定地区内部的通信成本小于地区之间的通信成本：

$$\omega_E < \omega_W < \omega_R \qquad (5-36)$$

则式（5-35）中知识资本生产的边际成本为：

$$F(t) = \frac{P(t)^{\varepsilon}\omega^{1-\varepsilon}}{A(t)} = \frac{\eta}{N(t)[\omega_E\gamma(t) + \omega_R(1-\gamma(t))]^{1-\frac{\varepsilon}{\sigma-1}}[\delta_E\gamma(t) + \delta_R(1-\gamma(t))]^{\frac{\varepsilon}{\sigma-1}}}$$

$$(5-37)$$

利用式（5-34）及均衡工资等于1的条件推导出式（5-37），其中，$\eta = p^\varepsilon / A$ 为正的常数。令 $\mu + \varepsilon/(\sigma-1) = 1$，以保证经济在长期内沿着均衡速度增长，同时确保创新边际成本的下降速度与其受益于新进入企业影响而产生的增长速度一致，使得生产知识资本投资有利可图。

由于东部地区具有更好的交通基础设施和更大的市场需求。在 ω 和 δ 的设定条件下，式（5-37）意味着东部地区进行创新的边际成本更低，因此，经济的长期增长完全取决于东部地区的创新驱动。与此同时，创新活动的融资同时源于西部地区和东部地区的劳动者，这意味着在均衡中，单位知识资本价值 v（t）满足如下条件：

$$r(t) = \frac{\dot{v}(t)}{v(t)} + \frac{\pi(t)}{v(t)} \qquad (5-38)$$

式（5-38）表明，为知识资本融资的债券回报率 r（t）等于投资于知识资本生产的回报率，其中，投资于知识资本生产的回报包括资本所得 $\dot{v}(t)/v(t)$，以及分红的所得 $\pi(t)/v(t)$。在完全竞争条件下，知识资本生产部门的利润最大化意味着知识资本的价格等于边际成本：$v(t) = F(t)$。

4. 经济增长对企业选址的影响

均衡条件下，式（5-38）意味着所有企业获得同样的利润，并且企业利润与企业选址无关。式（5-32）表明所有企业都需要达到同样的产出规模，x（t）独立于企业所在地区。相应地，从式（5-27）和式（5-32）可以推导出，东部地区和西部地区的市场出清条件为：

$$x(t) = \frac{p^{-\sigma}\delta_E}{P(t)^{1-\sigma}}[\alpha E(t)Q + \varepsilon F(t)\dot{N}(t)] + \frac{p^{-\sigma}\delta_R}{P^*(t)^{1-\sigma}}\alpha E^*(t)Q$$

$$x^*(t) = \frac{p^{-\sigma}\delta_W}{P^*(t)^{1-\sigma}}\alpha E^*(t)Q + \frac{p^{-\sigma}\delta_R}{P(t)^{1-\sigma}}[\alpha E(t)Q + \varepsilon F(t)\dot{N}(t)]$$

$$(5-39)$$

式（5-39）中，带星号的变量表示西部地区企业。两个条件的差异在于，知识资本只在西部地区进行生产，东部地区生产知识资本的活动需要中间服务品投入，需求增加了中间支出 $\varepsilon F(t)\dot{N}(t)$。

从这里开始，本书将知识资本增长率定义为 $g = \dot{K}^w(t)/K^w(t) = \dot{N}(t)/N(t)$，简洁起见，以下的分析都将忽略时间变量。结合式（5-31）和式（5-34），可以从市场出清条件式（5-39）推导出企业产出规模为：

$$x = \frac{\sigma-1}{\beta\sigma}\frac{2\alpha EQ + \varepsilon FNg}{N} \qquad (5-40)$$

企业在两个区域的分布为：

$$\gamma = \frac{1}{2} + \frac{1}{2}\frac{\delta_R(\delta_E - \delta_w)}{(\delta_E - \delta_R)(\delta_w - \delta_R)} + \frac{\delta_E\delta_w - \delta_R^2}{(\delta_E - \delta_R)(\delta_w - \delta_R)}\left(\theta - \frac{1}{2}\right)$$

$$(5-41)$$

其中：

$$\theta = \frac{\alpha EQ + \varepsilon FNg}{2\alpha EQ + \varepsilon FNg} \qquad (5-42)$$

式（5-42）是对多样化商品的支出。因为两个地区具有同样的初始禀赋，我们设 $E = E^*$。式（5-41）显示出东部地区由于需求更大（$\varepsilon FNg > 0$ 意味着 $\theta > 1/2$），并且具有更好的内部交通基础设施（$\delta_E > \delta_w$），从而聚集了更多的企业。区域间更好的交通基础设施会同时强化这两种效应。

从以上的分析中，得到以下结果：首先，对于一个给定的增长速度，市场较大的地区将吸引更多的企业。任何改善区域之间基础设施状况的措施都将强化这一效应。其次，对于既定的经济增长速度，企业将被吸引到基础设施更好的区域。任何改善区域间交通基础设施的措施都将强化这一效应。

进一步，由于 θ 是 g 的增函数，本书也可以获得如下结果：由于消费支出需求一定，更快的经济增长将促使企业迁移至市场更大的地区，任何对于区域间交通基础设施的改善都将增强这一效应。这显示出，经济增长将会影响企业选址，并且经济的集聚是经济增长的增函数。

5. 企业选址对经济增长的影响

为了刻画经济的长期增长，本章主要分析消费支出和经济增长率都为常数的均衡增长路径。在消费支出固定（$\dot{E}=0$）的情况下，从式（5-29）可以推导出 $r=\rho$。另外，通过式（5-37）和式（5-41）可以推导出 FN 和 γ 是常数，知识资本增长取决于知识资本生产活动边际成本的变化，即 $\dot{v}/v=\dot{F}/F=-g$，该式显示了知识资本生产的边际成本（F）和边际收益（v）以同样的固定速度下降。那么，在式（5-33）和式（5-40）的条件下，式（5-38）可以写为：

$$\rho = -g + \frac{2\alpha EQ + \varepsilon FNg}{\sigma FN} = \frac{2\alpha EQ}{\sigma FN} - g\left(\frac{\sigma-\varepsilon}{\sigma}\right) \qquad (5-43)$$

这样就可以通过劳动力市场出清条件获得模型的闭式解。劳动力总量 2Q 中，由知识资本生产活动雇用的劳动力为 $Q_1=(1-\varepsilon)FNg$，多样化商品生产活动使用的劳动力数量为 $Q_D=[(\sigma-1)/\sigma][2\alpha EQ+\varepsilon FNg]$，传统商品生产使用的劳动力数量为 $Q_Y=2(1-\alpha)EQ$。通过简化，可以获得如下劳动力市场出清条件：

$$2Q = \frac{\sigma-\varepsilon}{\sigma}FNg + 2\frac{\sigma-\alpha}{\sigma}EQ \qquad (5-44)$$

结合式（5-43）和式（5-44）可以推导出，均衡条件下，消费支出等于收入：

$$2EQ = 2Q + \rho FN \qquad (5-45)$$

其中，2Q 是劳动者收入，ρFN 是从知识资本中获得的收入。式（5-45）的右式两个部分都是两个区域的加总。

从式（5-43）和式（5-44）可以推出经济增长率为：

$$g = \frac{\alpha}{\sigma-\varepsilon}\frac{2Q}{FN} - \rho\frac{\sigma-\alpha}{\sigma-\varepsilon} \qquad (5-46)$$

式（5-46）显示了企业选址如何通过影响创新成本 FN 进而影响经济增长。特别地，给定式（5-37），东部地区的企业集聚降低了创新成本，进而获得更快的增长速度，更快的增长速度将进一步改善东部内部的基础设施相对于区域间的基础设施。可以得到以下结论：核心区域的经济集聚，会改善区域内交通和电信基础设施，进而带来更快的经济增长。

进一步，式（5-46）表明经济增长率 g 是 ε 的函数，ε 是衡量知识资本生产过程中商业服务投入品与劳动投入品的相对重要性。ε 的增长对于经济增长具有三种影响，其中两种影响会直接提升经济增长速度，第三种影响通过创新成本产生间接作用、影响方向不确定。第一种影响，如果在知识资本生产中，商业服务投入比劳动投入更为密集，那么对于商品服务投入需求将增加，这将提升企业利润。在均衡增长路径中，经济增长率 g 将逐步上升至使资本市场保持均衡的水平。第二种影响，从劳动力市场的均衡来看，当 ε 上升时，经济增长率 g 需要随之上升，以保证多样化商品生产部门完全吸纳知识资本生产部门的失业者。第三种影响，如果商业服务投入对于知识资本生产变得更为重要，那么创新成本会上升，或者并不取决于通信相对于交通的效率。因此，更大的 ε 对于经济增长 g 的影响是不确定的。

6. 基础设施、经济集聚和经济增长

式（5-37）~式（5-46）是模型的均衡条件，刻画了企业选址（$\Delta\gamma$）和增长（Δg）通过消费支出（ΔE），以及研发成本（ΔFN）产生的复杂互动关系。

式（5-42）反映了经济增长、知识资本生产成本及消费支出对于企业选址的影响，其中，东部地区内部以及地区之间的电信基础设施（$\Delta\omega_E$，$\Delta\omega_R$）对于知识的扩散（ΔFN）具有正的影响。原因在于，东部地区以及两个地区之间的电信基础设施降低了创新的成本（$\Delta FN < 0$）、促进了经济增长（$\Delta g > 0$）。因为没有知识资本生产活动，西部地区的电信基础设施（$\Delta\omega_S$）变化与经济增长无关。然而，任何对于西部地区交通基础设施的改善（$\Delta\delta_W > 0$）都将吸引企业选址于西部地区（$\Delta\gamma < 0$），进而提高创新的成本（$\Delta FN > 0$），降低经济增长速度（$\Delta g < 0$）。另外，东部地区内部和两个区域间的交通基础设施改善将吸引企业选址于东部（$\Delta\gamma > 0$），这将降低创新成本（$\Delta FN < 0$），促进经济的增长（$\Delta g > 0$）。将式（5-37）代入式（5-46）可以看出企业选址与经济增长之间的关系：

$$g = \frac{\alpha}{\sigma - \varepsilon} \frac{2Q}{\eta} [\omega_E \gamma + \omega_R (1 - \gamma)]^{1 - \frac{\varepsilon}{\sigma - 1}} [\delta_E \gamma + \delta_R (1 - \gamma)]^{\frac{\varepsilon}{\sigma - 1}} - \rho \frac{\sigma - \alpha}{\sigma - \varepsilon}$$

$$(5 - 47)$$

式（5－42）意味着创新成本的变化（ΔFN）、经济增长的变化（Δg）及消费支出的变化（ΔE）会影响到东部需求的份额（$\Delta \theta$），因此影响到企业选址（$\Delta \gamma$）。特别地，利用式（5－45）和式（5－46），可将东部地区需求式（5－42）变为：

$$\theta = \frac{1}{2} + \frac{1}{2} \frac{\varepsilon}{\sigma} \frac{g}{g + \rho} \qquad (5 - 48)$$

同样，式（5－41）可变为：

$$\gamma = \frac{1}{2} + \frac{1}{2} \frac{\delta_R (\delta_E - \delta_W)}{(\delta_E - \delta_R)(\delta_W - \delta_R)} + \frac{1}{2} \frac{\delta_E \delta_W - \delta_R^2}{(\delta_E - \delta_R)(\delta_W - \delta_R)} \frac{\varepsilon}{\sigma} \frac{g}{g + \rho}$$

$$(5 - 49)$$

式（5－49）显示，企业选址通过影响消费支出份额成为经济增长率的函数。由此可以得到的结论是：集聚和增长之间具有循环促进关系，在增长促进集聚（更大的 γ）的同时，集聚也反过来促进着增长（更大的 g），政策制定者面临着促进经济增长和调整区域不平衡的困境。改善区域之间及核心区域内部基础设施的政策，将进一步促使企业向核心区域的集聚、促进整体经济增长；改善外围地区基础设施的政策会促进企业从核心区域向外围区域流动，进而降低经济增长速度。

式（5－49）显示，当知识资本生产活动更依赖于商业服务（更大的 ε）时，经济增长对于经济集聚的影响会增强。式（5－47）显示，ε 对集聚、对增长的影响是不确定的。

总的来说，式（5－47）和式（5－49）间接确定了 γ 和 g 在均衡增长路径的均衡值。由于这两个表达式高度的非线性特征，本书无法获得二者的解析解。在这种情况下，可以通过分别分析马丁和屋大维诺（Martin & Ottaviano，1999）考虑的两种情形来进一步探察。这两种情形分别为创新只受交通成本（$\varepsilon = 0$）影响，或者只受沟通成本（$\varepsilon = \sigma - 1$）的影响。

5.3.2　效率与公平约束下的最优政府土地要素再配置方式分析

为了方便进一步分析，本章分别讨论创新活动只受通信成本影响和只受交通成本影响的两种情形。

1. 创新活动只受通信成本影响

当 $\varepsilon = 0$ 时，知识资本的生产活动不再需要中间服务投入品，因此，交通成本不再影响知识资本的生产。式（5−37）可以简化为：

$$FN = \frac{\eta}{\omega_E \gamma + \omega_R (1 - \gamma)} \qquad (5-50)$$

由于两个地区的消费需求相等同，企业选址不再受到经济增长率的影响：

$$\gamma = \frac{1}{2} + \frac{1}{2} \frac{\delta_R (\delta_E - \delta_W)}{(\delta_E - \delta_R)(\delta_W - \delta_R)} \qquad (5-51)$$

式（5−31）受到条件 $\delta_E / (\delta_E - \delta_R) > \delta_R / (\delta_W - \delta_R)$ 的约束，从而保证了至少有一部分企业会选址于西部地区。

相应地，经济增长率也不会受到企业选址的影响，结合式（5−50）和式（5−51），可以得到：

$$g = \frac{\alpha}{\sigma} \frac{Q}{\eta} \left[(\omega_E + \omega_R) + (\omega_W - \omega_R) \frac{\delta_R (\delta_E - \delta_W)}{(\delta_E - \delta_R)(\delta_W - \delta_R)} \right] - \rho \frac{\sigma - \alpha}{\sigma}$$

$$(5-52)$$

从式（5−52）中可以看出，当创新成本只受到沟通成本影响时，改善核心地区电信基础设施将会促进增长，但对于经济集聚没有影响，改善区域间的电信基础设施也会达到同样的效果。不同的是，由于西部地区没有知识资本生产活动，改善西部地区电信基础设施对经济增长不会有任何影响。交通基础设施的变化会影响企业选址，但对于经济增长没有影响。

从上述分析中可以看出，在任何情况下，经济增长与经济平衡都存在着此消彼长的线性关系。当社会效用函数同时包含着经济效率 g 与经济公平 $e(e=1-\gamma)$ 的情况下，可利用求解约束条件下的效用最大化问题，分析政府的最优土地资源配置决策。社会效用函数为：

$$\max_{\delta_R, \delta_N, \delta_S} U = ge \qquad (5-53)$$

在知识资本生产只受到沟通成本影响的情况下，约束条件为：

$$g + 2(\omega_E - \omega_R)e = \frac{\alpha}{\sigma}\frac{Q}{\eta}(3\omega_E - \omega_R) - \rho\frac{\sigma - \alpha}{\sigma} \qquad (5-54)$$

此时获得的经济增长与区域协调发展的组合为：

$$g = \frac{1}{2}\left[\frac{\alpha}{\sigma}\frac{Q}{\eta}(3\omega_E - \omega_R) - \rho\frac{\sigma - \alpha}{\sigma}\right] \qquad (5-55)$$

$$e = (\omega_E - \omega_R)\left[\frac{\alpha}{\sigma}\frac{Q}{\eta}(3\omega_E - \omega_R) - \rho\frac{\sigma - \alpha}{\sigma}\right] \qquad (5-56)$$

从式（5-55）和式（5-56）可以看出，在知识资本只受到沟通成本影响的情况下，西部地区通信基础设施的投资对于区域协调和经济增长没有影响，影响区域协调发展和经济增长的主要因素是东部地区和区域间的通信基础设施差异，因此政府可以通过降低东部地区和区域间的通信基础设施差异来降低区域间的失衡程度。

2. 创新活动只受交通成本影响

当 $\varepsilon = \sigma - 1$ 时，知识资本生产成本会受到交通成本的影响，但不会受到沟通成本的影响。此时，由于两个区域的知识资本生产部门同等受益于整体知识资本存量，与企业所在地区无关，式（5-37）和式（5-48）可以简化为：

$$FN = \frac{\eta}{\delta_E\gamma + \delta_R(1-\gamma)} \qquad (5-57)$$

$$\gamma = \frac{1}{2} + \frac{1}{2}\frac{\delta_R(\delta_E - \delta_W)}{(\delta_E - \delta_R)(\delta_W - \delta_R)} + \frac{1}{2}\frac{\delta_E\delta_W - \delta_R^2}{(\delta_E - \delta_R)(\delta_W - \delta_R)}\frac{\sigma - 1}{\sigma}\frac{g}{g + \rho}$$

$$\qquad (5-58)$$

式（5-58）显示出，在知识资本存量对两个地区具有同样的溢出效应情况下，由于知识资本生产活动会使用中间商业服务投入，经济增长仍然会影响企业选址。另外，式（5-47）的设定 $\varepsilon = \sigma - 1$ 也显示出选址影响增长：

$$g = \alpha \frac{2Q}{\eta} [\delta_E \gamma + \delta_R (1 - \gamma)] - \rho(\sigma - \alpha) \quad (5-59)$$

式（5-58）和式（5-59）可以分别视为将 g 映射到 γ 的凸函数和线性函数。为了更清楚地看到这一点，此处可以通过变换式（5-59），将 γ 表示为 g 的方程：

$$\gamma = \frac{g + \rho(\sigma - \alpha)}{2 \frac{\alpha}{\eta} Q(\delta_E - \delta_R)} - \frac{\delta_R}{\delta_E - \delta_R} \quad (5-60)$$

因为西部地区并没有知识资本生产活动，所以 δ_S 的增长对于式（5-60）没有影响。相反，δ_E 的增长降低了式（5-58）的值，不利于经济集聚和经济增长。本书在一般情况下证明的情形也适用于这种知识资本生产不受沟通成本影响的情况：δ_E 和 δ_R 的增长将会同时促进经济集聚和经济增长。因此，得到以下结论：

当知识资本生产成本只受交通基础设施影响时，提高核心区域和区域间的交通基础设施将促进经济集聚和经济增长，而改善外围区域交通基础设施的措施将阻碍经济集聚和经济增长，电信基础设施的变化对经济的集聚和增长都没有影响。

在约束条件式（5-59）和式（5-60）下，可以利用社会效用最大化为目标，分析政府的最优土地资源配置决策。社会效用函数为：

$$maxU = ge$$

在知识资本生产只受到交通成本的影响下，约束条件为：

$$g + (\delta_R - \delta_E)e = \alpha \delta_E \frac{2Q}{\eta} - \rho(\sigma - \alpha) \quad (5-61)$$

在知识资本生产只受到交通成本影响的情况下，可以获得的经济增长和区域协调发展的组合为：

$$g = \frac{1}{2} \left[\alpha \delta_E \frac{2Q}{\eta} - \rho(\sigma - \alpha) \right] \quad (5-62)$$

$$e = (\delta_E - \delta_R) \left[\alpha \delta_E \frac{2Q}{\eta} - \rho(\sigma - \alpha) \right] \quad (5-63)$$

从式（5-62）和式（5-63）可以看出，在知识资本只受到交通成本影响的情况下，西部地区的交通基础设施的投资对于区域协调和经济增长没有影响，影响区域协调发展和经济增长的主要因素是东部地区和区域间的交通基础设施差异，因此政府可以通过降低东部地区和区域间的交通基础设施差异来降低区域间的失衡程度。

第 **6** 章

土地要素配置对区域协调发展的影响研究

本章首先考察了我国区域发展失调的状况，其次对区域协调发展的现状进行科学的评价，最后从土地出让方式、土地政策、土地整治及交通基础设施四个层面研究土地要素配置对区域协调发展的影响。

6.1 我国区域发展失调的表现

6.1.1 区域经济发展的失调

区域协调发展水平更多地受发展水平差异的影响，发展水平是制约协调发展水平的首要因素，也只有通过发展才能切实增强发展的协调性。我国区域失调很大程度上是经济发展水平差异过大，这不但造成了不同区域之间民众生活水平差距过大，损害社会公平，而且影响了区域之间的合作分工，制约了全国经济社会的协调发展。

第一，我国各区域经济发展水平差距较大，区域发展不平衡问题突出。根据 2013 年《中国统计年鉴》，地区生产总值第一的广东省 2013 年达 6.21 万亿元（1 万亿美元），超越世界第 16 大经济体印度尼西亚（0.87 万亿美元），而西藏仅为 808 亿元人民币（131 亿美元），相当于排名世界第 122 位的阿尔巴尼亚（129 亿美元）的水平。从人均来看，2013年天津、北京、上海、江苏、内蒙古人均 GDP 已超过世界平均水平（人均 1.06 万美元左右），而贵州仅为 22922 元人民币（3724 美元），不及世界第 110 位佛得角（3785 美元）的水平。

第二，各地区基础设施建设严重不均衡。西部地区公路、铁路网密度远远落后于东部地区。根据 2013 年《中国统计年鉴》、中经网数据库数据，2013 年，山东、上海、河南、重庆、江苏等省份公路网密度已高于 140 公里/百平方公里，接近西欧水平，而西藏和青海仍不及发达地区的 1/10。京、津、沪三个直辖市的铁路网密度已超过 5 公里/百平方公里，与欧盟水平相当。而新疆、青海、西藏三省份铁路网密度仅分别为每百平方公里 0.29 公里、0.26 公里和 0.04 公里。各地区之间民航发展水平差距也非常明显。2013 年，北京民航人均年旅客运输量达 3.09 人次，已超过世界第一美国的人均每年 2.35 人次的水平，而安徽和河北两省人均年旅客运输量均为 0.04 人次，仅为北京的 1/100。通信方面，我国整体水平已好于世界平均及中等收入国家水平，但东、西部之间仍存在一定差距。2013 年，北京、上海、广东、福建四地互联网普及率均超过 60%，百人拥有电话（含手机）数量达到 130 部以上，已接近发达国家平均水平。而中、西部地区互联网普及率和百人电话拥有量仅相当于中等收入国家水平。

第三，各区域财政、金融水平差异较大。北京、上海的地方财税实力明显高于其他地区。东部的广东、浙江、江苏、上海和北京五地市的金融业增加值合计占全国金融业增加值的 49%，形成了"沿海金融高地"；西部地区借助国家政策扶持及资源优势，金融发展程度次之，资本市场甚至出现"东边不亮西边亮"的态势；中部和东北地区金融发展较弱，导致出现"马太效应"，排名靠后省份的金融业增加值占比甚至出现不同程度的下降；保险业发展程度整体偏低。

第四，城乡居民收入差距仍然显著。改革开放 40 多年来，中国居民收入大幅增长，但 2014 年的分配失衡的问题也日益凸显。社科院数据表明，1980 年以来，我国城乡收入差距只有少数年份有所反复，如 1980 ~

1983 年是城乡收入差距急剧缩小的几年，1994～1997 年是收入差距小幅缩小的阶段，其他绝大多数年份城乡收入差距在不断拉大。尤其是自 2002 年以来，城乡收入差距均在 3 倍以上，2010 年该数据为 3.23 倍。发达国家的城乡收入差距在 1.5 倍左右，发展中国家略高一些，为 2 倍左右，该倍数为基本平衡的程度。超过 3 倍以上，则说明收入差距过大，结构失衡[①]。根据 2014 年《中国统计年鉴》数据分析得知 2014 年城镇居民人均可支配收入中位数为 26635 元，农村居民人均可支配收入中位数为 9497 元，差距虽然有所缩小，但仍达到 2.8 倍。

6.1.2 区域基本公共服务的失调

改革开放以来特别是进入 21 世纪以来，我国政府的基本公共服务意识和能力不断提高，不仅提供的基本公共服务总量不断增加，而且质量不断上升，越来越注重基本公共服务的均等化。但是，长期以来，因为受制于经济发展水平，加上人们的思想认识不到位，我国基本公共服务不仅供给总量不足，不能满足人民群众对公共服务的需求，而且基本公共服务的供给结构不合理、分配不均等。可以说，总量不足、分配不均等，这是我国基本公共服务方面存在的两个最主要的问题。

一是基本公共服务总量不足。近年来，我国不断加大财政对基本公共服务的投入，以增加基本公共服务的总量，但是，由于历史欠账太多，以及政府职能转变不到位，财政支出中用于公共服务的比重仍然偏低。以 2008 年为例，我国财政支出中用于教育、文化、体育、社会保障和就业、医疗卫生等公共服务的支出为 19667.28 亿元，占当年财政总支出的 31.42%[②]。纵向比，我国财政用于公共服务的总量和比重都有了很大的增长。但是，横向比，也就是同其他国家或地区相比，我国财政用于公共服务的比重就明显偏低了。杨兵等（2021）研究发现，许多国家财政支出中

---

① 该数据来源于社科院 2013 年 12 月 26 日发布的《社会蓝皮书》。
② 资料来源：笔者根据《中国统计年鉴 2009》数据计算整理所得。

用于公共服务的比重高达 60%～70%，有些国家甚至接近 80%。正是因为我国财政用于公共服务的投入严重不足，不仅低于世界中等收入国家甚至低于低收入国家的平均水平，也没有达到政府承诺的标准，所以基本公共服务的供给总量同人民日益增长的公共服务需求之间的矛盾越来越凸显。

二是基本公共服务分配不均等。表现为制度供给不均和财政供给不均。制度供给不均主要表现为公共服务制度的城乡二元化。虽然科学发展观强调统筹城乡协调发展，但长期以来的"重城轻农"现象继续存在，在义务教育、社会保障、基础设施、环境卫生以及公共服务人员和设施配备等方面依然存在城乡二元格局，有些地区因为贫富差距的拉大而更加严重。制度的不均等直接导致公共服务质量不均等，比如在义务教育方面，突出的表现是城乡教师素质的差异明显，农村学校高素质教师短缺，直接影响农村教育质量的提高。财政供给不均主要体现为地方财政辖区内分配不均，以及中央与地方对基本公共服务财政支出分担比例失衡。地方财政辖区内分配不均会拉大城乡及不同社会群体之间差距，加剧社会不公。中央与地方对基本公共服务支出分担比例失衡造成中央与地方的财权和事权不统一，中央拥有大部分的财权而对基本公共服务所承担的责任却很少；相反，地方政府缺乏足够的财权却承担大部分的基本公共服务责任。2012 年，地方政府负担的事权责任高达 85%，而相应获得的财权仅有 62%；中央政府获得的财权为 38%，但直接承担的事权责任仅为 15%①。严重的权责不一，增加了地方供给基本公共服务的难度，影响了地方基本公共服务的公平性。

6.1.3 区域分工合作的失调

一是产业同构现象严重。产业同构是指在经济发展过程表现出的区域间的产业组成类型、数量比例、空间分布、关联方式等方面演进变化趋于一致，结构差异逐步缩小的现象。产业同构抹去了不同区域之间的

---

① 资料来源：笔者根据《中国财政年鉴 2013》数据计算整理所得。

比较优势，这使得不同区域之间分工与互补的可能性逐步减少，从而使地方政府之间失去了合作的动力基础。各个地区严重的产业同构使得不同地区忽略自己的比较利益，阻碍了区域专业化的形成，限制了区域之间的分工与合作，使区域之间的互补性和贸易机会减少，造成的结果是相同的产业布局使进入同一产业的企业一起争夺发展所需的稀缺资源；而地方政府为保护自身利益，纷纷以行政手段制造区域壁垒，相互封锁，干预商品和生产要素的合理流动，人为地破坏了市场经济规则，从而导致区域产业结构趋同。同时，本来成本导向的企业行为在追求地方利益的政府短期行为的干扰下，影响了产业链的分工和合作关系，导致地区的产业结构非正常趋同。

二是产业联动能力不足。产业链是带动区域经济发展的重要纽带，有产业链的地方，区域经济联动就会十分活跃。由于价值链各环节所要求的生产要素差异很大，而各地区所具有的生产要素禀赋并不相同，因此只有将价值链各环节放到具有与其最相匹配的生产要素的地区，这样各地区的比较优势才能得到最大限度的发挥。然而，产业结构的趋同使得区域内企业之间的联系不是靠产业特性相联系，通过上下游之间的关系，形成完整的产业链，而是单打独拼，自我完善，甚至不惜组建新的企业以满足自己的需求。其结果是，区域资源不能有效配置，区域产业链不能有效衔接，区域产业联系不够紧密，难以形成紧密的分工协作关系。由于产业定位缺乏差异化，区域内产业链残缺，市场机制在产业集群的形成和发展过程中发挥的资源引导、资源优化配置以及打造产业链、完善产业配套服务环节等方面发挥的作用明显不足。由于产业集群发展不充分，区域创新链、产业价值链尚未在区域内实现闭合，科技创新优势无法通过构建完善的产业创新链或价值链在区域内的其他城市或产业聚集区转化为产业优势。

三是产业合作关系不顺。经济利益是地方利益的基础，而产业发展又是经济利益的集中表现。地方政府通过产业规划、财政支持等发展相关产业，而这些产业不仅能提供相关工业产品和居民消费品，而且解决了该地区的劳动力就业问题，为地方政府上缴财政税收。因此，地方利益与产业发展息息相关，为了追求较高的经济效益，地方政府往往不顾自身资源禀赋而争相发展高投资回报率的产业，区域内围绕着产业分工与合作的矛盾冲突也日趋激烈。此外，在合作分工中，不同区域之间缺乏相应的补偿机制。我国区域之间由于资源禀赋的不同，各区域在产业链分工中角色也不一样，中西部地区往往处于产业链的低端环节，为东部发达地区提供经济发展所必需的能源、原材料、劳动力等，但是这些经济要素的流动并非完全遵循市场规律，而是响应着政府的宏观调控和政策干预进行的，要素的价格并不能真正反映其在市场上的真实价值。而无论是横向的政府间经济补偿还是纵向的财政转移支付，都不足以弥补中西部地区为东部经济发展所付出的代价。

6.1.4 区域可持续发展的失调

一是生态环境形势依然严峻。人与自然关系反映的是人类文明与自然演化的相互作用。人类的生存发展依赖于自然，同时也影响着自然的结构、功能与演化过程。人与自然的关系体现在两个方面：一方面，人类对自然的影响与作用，包括从自然界索取资源与空间，享受生态系统提供的服务功能，向环境排放废弃物；另一方面，自然对人类的影响与反作用，包括资源环境对人类生存发展的制约，自然灾害、环境污染与生态污染对人类的负面影响。随着人类社会生产力的不断发展，人类开发利用自然的能力不断提高，人与自然的关系也不断遇到新的挑战，这些挑战影响了一个国家、地区乃至全球经济发展的可持续性。在发展方式尚未转变的条件下，随着经济总量的不断增加，环境问题日益凸显，严重制约了经济社会的可持续性。

近年来，我国在资源综合利用和环境保护方面取得了一定的成就，但一些经济发展与环境保护的矛盾依然存在并且较为突出，环境形势严峻的状况仍然没有改变。主要污染物排放量已经超过环境承载能力，流经城市的河段普遍受到污染，许多城市空气污染严重。生态破坏呈加剧之势，水土流失量大，草原退化，生物多样性减少。我国生态环境问题与经济结构和发展的粗放方式分不开，中西部地区长期以来资源型产业占主导，环境问题更为突出。从单位 GDP 工业废水产生量来看，中西部地区的废水排放量较高，前十位中除广东外，均为中西部省份，粗放型的发展模式在中西部地区依然较为普遍，不利于创建集约型社会。

二是科技创新实力整体不足，产业可持续性堪忧。尽管我国各个产业的技术水平和自主创新能力有了不同程度的提高，个别产业在国际上也具备了一定的竞争力，但总体来看，产业自主创新能力仍然较弱，与发达国家相比还有相当差距，多数产业处于国际产业价值链末端，技术水平、劳动生产率和工业增加值率都还比较低，产品附加值也很低。引进技术消化再创新能力薄弱，引进技术没有与自主创新和提高产业竞争力结合起来。以企业为主体、产学研结合的技术创新体系尚未形成。中西部地区与东部地区在科技与创新能力上差距明显，在人才培养、经费投入、成果转换方面均呈现"东部高，西部低"的"逆地形"现象，制约了当地产业技术水平的提高。

6.2 我国区域协调发展的效果评价

6.2.1 数据来源

在衡量区域协调发展效果时，综合考虑了经济、公共服务与生态环境三个系统层面，综合选取了 12 个指标，分别计算出了 1995 ~ 2017 年全国（除重庆、西藏外）经济协调度、公共服务协调度、生态环境协调度和总体协调度，同时也进一步对东、中、西与东北部四个地区的各项协调度进行了考察。本章节数据主要来源于 1996 ~ 2018 年《中国统计年鉴》及中国经济信息网。

6.2.2 区域协调发展评价指标体系构建原则

一是理论全面性原则。区域协调发展指标体系是为了能够对中国区域间的协调发展水平与现状有一个客观全面的反映，应该全面、系统并相互联系地评价研究对象。第一，指标体系应从不同角度对研究对象作出评价，要考虑到影响区域协调发展水平的各个主要方面；第二，指标体系还应考虑到各个指标项之间的系统性和关联性，考虑到各个方面的协调性，并将指标按其属性联系进行安排。因此，区域协调发展指标体系的构建应在充分认识和系统研究的基础上，考虑理论上的完备性、科学性和正确性，保证指标体系完整、指标概念明确，且具有一定的科学内涵。

二是实用性与可操作性原则。实用性是指标体系对系统的分解方式和选取的指标应为大多数人所理解和接受，并常被政府机关、教育机构及科研单位所借鉴与采纳，否则就失去了意义。所谓可操作性，是指所选指标要具有可测性与可比性，定性指标也应有一定的量化手段与之相对应，定量指标均可以国家统计部门发布的数据为基础，应采用统一的数据处理方法进行计算。在设计指标体系时，应尽可能减少定性的或难以量化的数量。在实际调查和评价中，指标数据尽可能通过统计资料（基本可从各年鉴获取）整理或直接从有关部门获取得，对一些难以衡量和量化的指标尽量予以避免，从而保证了研究中数据的可获得性。

三是区域性原则。由于不同区域的自然条件、社会经济和公共服务水平等方面的差异，各区域间协调发展水平也存在较大的地域差异性。因此，在对中国四大地区内的区域协调发展水平进行系统评价时，应遵循区域性原则，以便客观、准确地反映复合系统的发展状况。

四是动态与静态相结合的原则。区域协调发展是一个动态的过程，其指标体系不但要有能反映现状的静态指标，而且还要有反映其发展趋势的动态指标，做到动静结合，更好地反映复合系统协调发展的整个过程。

6.2.3　区域协调发展评价指标体系

依据平均每人全年可支配收入等在内的 12 项指标，建立了一个三层指标体系（见表6.1）。

表 6.1　　　　　　　　　区域协调发展协调度指标体系

目标层	准则层	指标层
区域协调发展	经济系统	各地人均 GDP（元）x_{11}
		农村居民家庭平均每人纯收入（元）x_{12}
		城镇居民家庭平均每人全年可支配收入（元）x_{13}
		农村居民消费水平（元）x_{14}
		城市居民消费水平（元）x_{15}
	公共服务系统	每万人医疗机构床位数（张）x_{21}
		每万人高校在校生人数（人）x_{22}
		每万人拥有医生人数（人）x_{23}
		普通高等学校生均教师数（名）x_{24}
	生态环境系统	万元 GDP 工业废水排放量（吨）x_{31}
		万元 GDP 工业废气排放量（立方米）x_{32}
		万元 GDP 工业固体废弃物产生量（吨）x_{33}

6.2.4　四大区域划分标准

　　国家实施的区域发展战略把全国分为四大宏观区域，并对不同的区域采取了不同的区域政策。本书以中国总体（重庆、西藏除外，不包含港澳台地区）及东部、中部、西部和东北部四大地区的协调发展水平为研究对象。四大区域的具体划分如表 6.2 所示。

表 6.2　　　　　　　　　　四大区域划分

区域	包含省份
东部	北京、天津、河北、上海、江苏、浙江、福建、山东、广东、海南
中部	山西、安徽、江西、河南、湖北、湖南
西部	内蒙古、广西、四川、贵州、云南、陕西、甘肃、青海、宁夏、新疆
东北	辽宁、吉林、黑龙江

6.2.5 区域协调发展的数学模型

1. 测度区域发展水平差异的数学模型

分别从经济系统、公共服务系统和生态环境系统三个层面对全国 29 个省份发展水平差异作出定量分析。以经济系统为例，其发展差异的测度方法主要用锡尔系数。

2. 区域经济发展差异的锡尔系数

锡尔系数又称锡尔熵，最早是由锡尔（Theil）等在 1967 年首先提出，因其可以分解为相互独立的组间差异和组内差异而被广泛用于衡量经济发展相对差距。锡尔系数 T 的计算公式为：

$$T = \sum_{i=1}^{n} x_i \log\left(\frac{x_i}{p_i}\right) \qquad (6-1)$$

其中，n 为区域的个数，x_i 为 i 地区的某项经济指标占全部地区该项经济指标之和的份额，p_i 为 i 地区的人口数占人口总数的份额。锡尔系数越大，就表示各区域间经济发展水平差异越大。

3. 锡尔系数的一次分解

对锡尔系数进行一次分解，可以将全国的总体差异分解成东部、中部、西部和东北部四大地区间的差异和三大地区间的差异，从而便于研究总体差异的来源。分解公式如下：

$$T = \sum_{i=1}^{29} x_i \log\frac{x_i}{p_i} = \sum_{i=1}^{4} y_i \log\frac{y_i}{p_i} + \sum_{i=1}^{4} y_i \left[\sum_{j} y_{ij} \log\frac{y_{ij}}{p_{ij}}\right] = T_{BR} + T_{WRi}$$

$$(6-2)$$

其中，T_{BR} 表示四大地区间的差异，T_{WRi} 表示第 i 个地区的省际差异。设 $f_1(t)$、$f_2(t)$、$f_3(t)$ 分别表示经济系统、公共服务系统和环境系统的差异指数，则区域发展的综合差异指数为：

$$F(t) = \sum_{i=1}^{3} \omega_i f_i(t) \tag{6-3}$$

式（6-3）中权数 ω_i 是由相关系数法确定的。其中，

$$f_1(t) = \sum_{i=1}^{5} a_{i,t} T_{i,t}$$

$$f_2(t) = \sum_{j=1}^{4} b_{j,t} T_{j,t}$$

$$f_3(t) = \sum_{k=1}^{3} c_{k,t} T_{k,t} \tag{6-4}$$

式（6-4）中，$a_{i,t}$、$b_{j,t}$、$c_{k,t}$ 分别为反映经济发展水平、公共服务发展水平和生态发展水平的各指标权重，由变异系数法确定，且有 $\sum_{i=1}^{5} a_{i,t} = \sum_{j=1}^{4} b_{j,t} = \sum_{k=1}^{3} c_{k,t} = 1$。$T_{i,t}$、$T_{j,t}$ 和 $T_{k,t}$ 分别是三个系统中第 i、j、k 个指标在第 t 年的锡尔系数。

4. 区域协调发展水平的评价模型

（1）发展度模型的构建。

设 $f(x)$、$g(y)$、$h(z)$ 分别为经济、公共服务与生态环境的综合指数，其计算公式如式（6-5）~式（6-7）所示：

$$f(x) = \sum_{i=1}^{5} a_i x_i \quad i = 1,2,3,4,5 \tag{6-5}$$

$$g(y) = \sum_{i=1}^{4} b_j y_j \quad j = 1,2,3,4 \tag{6-6}$$

$$h(z) = \sum_{i=1}^{3} c_k z_k \quad k = 1,2,3 \tag{6-7}$$

其中，a_i、b_j 与 c_k 由变异系数法确定。x_i、y_j 与 z_k 分别是对经济系统、公共服务系统与生态环境系统包含的 12 个小指标标准化后的指标，即：

$$x_i = \frac{x_{1i} - x_{1min}}{x1min_{1max}} y_j = \frac{x_{2j} - x_{2min}}{x_2 min_{2max}} z_k = \frac{x3k_{3max}}{x3min_{3max}} \tag{6-8}$$

其中，$i = 1,2,3,4,5$；$j = 1,2,3,4$；$k = 1,2,3$。

上述标准化后的指标均是效益型指标，某些指标越大，表明某系统发展水平越高。于是，在此基础上构建发展度函数如式（6-9）所示：

$$D = \alpha f(x) + \beta g(y) + \gamma h(z) \qquad (6-9)$$

这里，α、β 与 γ 分别为经济系统、公共服务系统与生态环境系统的权重。随着我国经济的持续快速发展，人们对发展重心的关注，已经由经济领域逐步向政府有能力提供完善均等的公共服务与追求建立在良好生态环境基础上的高质量生活品质。综合权衡，决定赋予经济系统、公共服务系统与生态环境系统相等权重，即：$\alpha = \beta = \gamma = 1/3$，于是式（6-9）变为：

$$D = \frac{1}{3}(f(x) + g(y) + h(z)) \qquad (6-10)$$

（2）协调度模型的构建。

可以考虑在锡尔系数的基础上建立协调度。由锡尔系数定义可知，锡尔系数越大，则各区域间发展水平差异越大。区域发展水平差异越大，则其协调程度越低。不难发现，协调度与锡尔系数呈负向变动关系。设 $F_{i,t}$ 表示第 i 个地区第 t 年的综合发展差异指数，则第 i 个地区第 t 年的协调度可表示为：

$$C_{i,t} = 1 - F_{i,t} \qquad (6-11)$$

（3）协调发展度模型的构建。

在上述分析的基础上，可知第 i 个地区第 t 年的协调发展度可表示为：

$$Cd_{i,t} = \sqrt{C_{i,t} \times D_{i,t}} \qquad (6-12)$$

6.2.6 区域协调发展效果评价的实证分析

1. 区域发展差异实证分析

根据模型（6-1）~模型（6-4）可以分别计算出全国范围及四大地区内的三个系统的综合发展差异指数及总体差异指数。全国总体及四大地区经济系统发展差异实证分析（见表6.3、图6.1）。

表 6. 3　　　　　　　　全国区域经济发展差异的综合发展差异指数

年份	四大地区间	东部省间	中部省间	西部省间	东北省间	总差异
1995	0. 1589	0. 1993	0. 0033	0. 0239	0. 0006	0. 3860
1996	0. 1529	0. 1941	0. 0032	0. 0209	0. 0005	0. 3717
1997	0. 1458	0. 1932	0. 0032	0. 0139	0. 0008	0. 3569
1998	0. 1596	0. 2082	0. 0031	0. 0135	0. 0016	0. 3860
1999	0. 1759	0. 2246	0. 0030	0. 0114	0. 0025	0. 4174
2000	0. 1837	0. 2230	0. 0030	0. 0115	0. 0025	0. 4236
2001	0. 1790	0. 2279	0. 0024	0. 0148	0. 0020	0. 4262
2002	0. 2038	0. 2416	0. 0022	0. 0132	0. 0026	0. 4634
2003	0. 2132	0. 2422	0. 0021	0. 0146	0. 0017	0. 4737
2004	0. 2097	0. 2394	0. 0024	0. 0137	0. 0013	0. 4665
2005	0. 1963	0. 2322	0. 0022	0. 0132	0. 0014	0. 4454
2006	0. 1840	0. 2219	0. 0019	0. 0178	0. 0014	0. 4271
2007	0. 1721	0. 2153	0. 0018	0. 0209	0. 0015	0. 4116
2008	0. 1302	0. 1867	0. 0017	0. 0275	0. 0013	0. 3474
2009	0. 1249	0. 1703	0. 0017	0. 0212	0. 0016	0. 3197
2010	0. 1210	0. 1678	0. 0020	0. 0197	0. 0013	0. 3119
2011	0. 1175	0. 1673	0. 0014	0. 0201	0. 0012	0. 3075
2012	0. 1138	0. 1644	0. 0015	0. 0193	0. 0013	0. 3002
2013	0. 1124	0. 1622	0. 0014	0. 0191	0. 0012	0. 2953
2014	0. 1092	0. 1603	0. 0013	0. 0187	0. 0015	0. 2961
2015	0. 1081	0. 1583	0. 0012	0. 0181	0. 0014	0. 2955
2016	0. 1063	0. 1576	0. 0013	0. 0177	0. 0011	0. 2943
2017	0. 1055	0. 1546	0. 0014	0. 0173	0. 0012	0. 2933

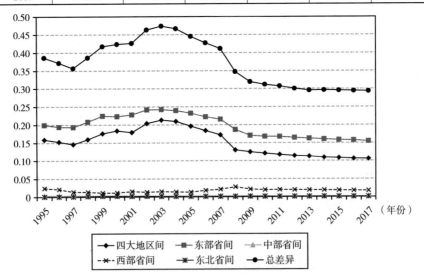

图 6. 1　1995～2017 年全国区域经济系统总体差异构成

由表 6.3 中锡尔系数数值来看，1995～2017 年，全国四大地区内省际差异及地区间差异关系为：

$$T_{东部} > T_{四大地区间} > T_{西部} > T_{中部} > T_{东北} \qquad (6-13)$$

即：在经济发展水平方面，东部地区省际差异最大，略大于四大地区间差异；四大地区间差异远大于西部地区省际差异；西部地区省际差异略大于中部地区省际差异；东北地区省际发展差异最小。

考察历年区域经济总体差异的构成，不难发现，东部地区的省际差异对全国总体差异的贡献率保持在 51% 以上，四大地区间的差异对全国总体差异的贡献率基本上保持在 40% 以上，两者共占全国总体差异的 90% 以上。这说明我国区域经济差异的总体来源于东部地区省际间发展的不均衡与四大地区间经济发展差异。西部地区省际差异对总体差异的平均贡献仅为 4.1%，中部地区及东北地区的总体差异最低，平均仅占总体差异的 0.6% 和 0.4%。

2. 全国总体及四大地区公共服务系统发展差异实证分析（见表 6.4、图 6.2）

表 6.4　　　　　1995～2017 年全国区域公共服务水平发展差异的综合发展差异指数

年份	四大地区间	东部省间	中部省间	西部省间	东北省间	总差异
1995	0.0745	0.5007	0.0274	0.2062	0.0032	0.8121
1996	0.0749	0.4855	0.0234	0.1959	0.0035	0.7833
1997	0.0773	0.4854	0.0233	0.1792	0.0033	0.7686
1998	0.0745	0.4761	0.0257	0.1708	0.0039	0.7510
1999	0.1105	0.5850	0.0366	0.2014	0.0044	0.9380
2000	0.1005	0.5295	0.0440	0.1950	0.0046	0.8736
2001	0.0947	0.5150	0.0445	0.1876	0.0040	0.8458
2002	0.1010	0.4923	0.0420	0.1821	0.0039	0.8213
2003	0.0911	0.4563	0.0410	0.2101	0.0037	0.8023
2004	0.0857	0.4441	0.0412	0.1920	0.0031	0.7661
2005	0.0635	0.4253	0.0368	0.1463	0.0035	0.6755
2006	0.0601	0.3912	0.0341	0.1474	0.0037	0.6365

年份	四大地区间	东部省间	中部省间	西部省间	东北省间	总差异
2007	0.0562	0.3801	0.0307	0.1314	0.0035	0.6018
2008	0.0489	0.3407	0.0330	0.1295	0.0024	0.5544
2009	0.0405	0.3503	0.0344	0.1231	0.0024	0.5507
2010	0.0410	0.3385	0.0315	0.1366	0.0026	0.5502
2011	0.0374	0.3319	0.0294	0.1630	0.0028	0.5645
2012	0.0359	0.3297	0.0279	0.1298	0.0029	0.5262
2013	0.0336	0.3276	0.0274	0.1291	0.0027	0.5177
2014	0.0305	0.3255	0.0269	0.1288	0.0026	0.5145
2015	0.0286	0.3231	0.0264	0.1283	0.0028	0.5106
2016	0.0284	0.3201	0.0258	0.1277	0.0029	0.5097
2017	0.0278	0.3194	0.0251	0.1273	0.0025	0.5084

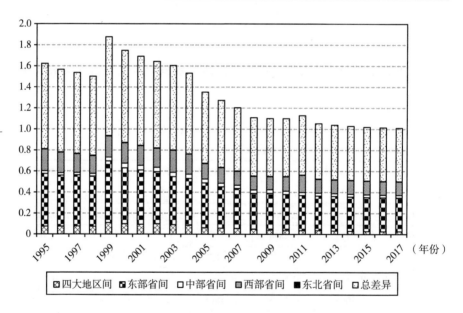

图 6.2　1995~2017 年全国区域公共服务系统总体差异构成

由表 6.4 中发展差异指数值来看，1995~2017 年，全国四大地区内省际差异及地区间差异关系为：

$$T_{东部} > T_{西部} > T_{四大地区间} > T_{中部} > T_{东北} \qquad (6-14)$$

即：在公共服务水平方面，东部地区省际差异最大，远大于西部地区省际差异；西部地区省际差异远大于四大地区间差异；四大地区间差异略大于中部地区省际差异；东北地区省际发展差异最小。

考察历年区域公共服务总体差异的构成，不难发现，东部地区省际差异对全国总体差异的贡献率保持在60%左右，西部地区省际差异对全国总体差异的贡献率基本上保持在23%左右，两者共占全国总体差异的82%以上。这说明我国区域公共服务差异的总体来源于东、西部地区省际间发展的不均衡。四大地区间差异对总体差异的平均贡献仅为9%左右，中部地区及东北地区的总体差异最低，平均仅占总体差异的4.6%和0.5%。

3. 全国总体及四大地区生态环境系统发展差异实证分析（见表 6.5、图 6.3）

表 6.5　　　　1995～2017 年全国区域生态环境水平发展差异的
综合发展差异指数

年份	四大地区间	东部省间	中部省间	西部省间	东北省间	总差异
1995	0.0428	0.1682	0.0019	0.1202	0.0038	0.3368
1996	0.0421	0.1651	0.0011	0.1043	0.0051	0.3176
1997	0.0408	0.1635	0.0019	0.0723	0.0049	0.2834
1998	0.0360	0.1686	0.0055	0.0952	0.0044	0.3098
1999	0.0357	0.1724	0.0063	0.0868	0.0039	0.3051
2000	0.0312	0.1556	0.0041	0.0780	0.0037	0.2726
2001	0.0303	0.1642	0.0067	0.0793	0.0041	0.2845
2002	0.0325	0.1585	0.0049	0.0829	0.0038	0.2825
2003	0.0318	0.1549	0.0047	0.0876	0.0040	0.2831
2004	0.0278	0.1701	0.0037	0.0840	0.0042	0.2898
2005	0.0200	0.1622	0.0036	0.0607	0.0047	0.2511
2006	0.0208	0.1675	0.0042	0.0591	0.0054	0.2570
2007	0.0193	0.1650	0.0040	0.0587	0.0047	0.2517
2008	0.0185	0.1528	0.0039	0.0520	0.0062	0.2336
2009	0.0173	0.1501	0.0043	0.0511	0.0051	0.2279
2010	0.0166	0.1488	0.0039	0.0497	0.0048	0.2238

区域协调发展视域下政府与市场在土地要素配置中的作用研究

年份	四大地区间	东部省间	中部省间	西部省间	东北省间	总差异
2011	0.0151	0.1319	0.0038	0.0430	0.0056	0.1994
2012	0.0139	0.1276	0.0036	0.0412	0.0045	0.1908
2013	0.0134	0.1255	0.0034	0.0402	0.0041	0.1904
2014	0.0129	0.1236	0.0033	0.0398	0.0039	0.1898
2015	0.0126	0.1230	0.0031	0.0395	0.0037	0.1894
2016	0.0121	0.1227	0.0030	0.0391	0.0035	0.1891
2017	0.0118	0.1221	0.0028	0.0389	0.0031	0.1889

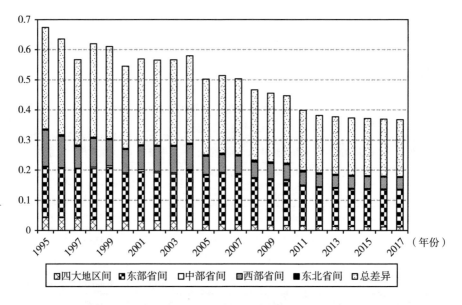

图 6.3　1995～2017 年全国区域生态环境系统总体差异构成

由表 6.5 中锡尔系数数值来看，1995～2017 年，全国四大地区内省际差异及地区间差异关系为：

$$T_{东部} > T_{西部} > T_{四大地区间} > T_{东北} > T_{中部} \qquad (6-15)$$

即：在生态环境方面，东部地区省际差异最大，大于西部地区省际差异；西部地区省际差异大于四大地区间差异；四大地区间差异略大于东北地区省际差异；中部地区省际发展差异最小。

考察历年区域生态环境总体差异的构成可知，东、西部地区省际差异对全国总体差异的贡献率分别超过了50%和25%，两者占总体差异的比重超过83%。可见我国区域生态环境的总体差异主要来源于东、西部地区省际间发展的不均衡。四大地区间差异对总体差异的平均贡献仅为10.7%左右，东北地区及中部地区的省际差异最低，平均仅占总体差异的1.6%和1.4%。

4. 全国区域总体发展差异的分析（见表6.6和图6.4）

表6.6　　　　　　1995～2017年全国区域总体发展差异的
综合发展差异指数

年份	四大地区间	东部省间	中部省间	西部省间	东北省间	总差异
1995	0.0941	0.2460	0.0082	0.0938	0.0025	0.4446
1996	0.0918	0.2395	0.0071	0.0857	0.0031	0.4272
1997	0.0895	0.2386	0.0073	0.0698	0.0030	0.4082
1998	0.0920	0.2469	0.0086	0.0735	0.0033	0.4243
1999	0.1084	0.2769	0.0112	0.0778	0.0035	0.4778
2000	0.1067	0.2620	0.0122	0.0740	0.0035	0.4584
2001	0.1030	0.2643	0.0127	0.0741	0.0033	0.4574
2002	0.1146	0.2669	0.0116	0.0729	0.0034	0.4694
2003	0.1148	0.2599	0.0112	0.0817	0.0031	0.4707
2004	0.1106	0.2597	0.0112	0.0759	0.0029	0.4603
2005	0.0966	0.2503	0.0101	0.0583	0.0032	0.4185
2006	0.0914	0.2394	0.0095	0.0605	0.0035	0.4043
2007	0.0854	0.2330	0.0087	0.0580	0.0033	0.3884
2008	0.0678	0.2063	0.0091	0.0590	0.0035	0.3457
2009	0.0713	0.2079	0.0083	0.0545	0.0033	0.3453
2010	0.0656	0.1956	0.0077	0.0491	0.0038	0.3218
2011	0.0630	0.1883	0.0078	0.0474	0.0042	0.3107
2012	0.0614	0.1816	0.0080	0.0456	0.0044	0.3010
2013	0.0608	0.1811	0.0078	0.0451	0.0040	0.3004
2014	0.0597	0.1808	0.0074	0.0446	0.0038	0.2997
2015	0.0593	0.1799	0.0071	0.0440	0.0034	0.2992
2016	0.0590	0.1796	0.0068	0.0437	0.0030	0.2988
2017	0.0586	0.1793	0.0064	0.0434	0.0028	0.2983

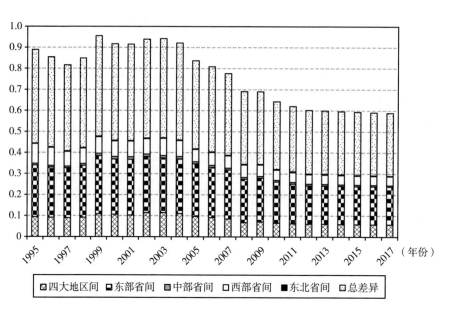

图 6.4　1995～2017 年全国区域发展总体差异构成

由表 6.6 可知，1995～2017 年全国四大地区内省际差异及地区间差异关系为：

$$T_{东部} > T_{四大地区间} > T_{西部} > T_{中部} > T_{东北} \quad\quad (6-16)$$

总体来看，东部地区省际差异最大，远大于四大地区间差异；四大地区间差异略大于西部地区省际差异；西部地区省际差异略大于中部地区省际差异；东北地区省际发展差异最小。

考察历年全国区域发展总体差异的构成可知，东部地区省际差异对全国总体差异的贡献率基本上超过了 55%，四大地区间差异对全国总体差异的贡献率基本上超过了 20%，西部地区省际差异占总差异的比重约为 16.75%，三者占总体差异的比重超过 96%。可见我国区域发展的总体差异主要来源于东部、四大地区间和西部地区省际间发展的不均衡。中部地区及东北地区的省际差异最低，平均仅占总体差异的 2.29% 和 0.75%。

横向来看，我国公共服务领域的发展水平差异是最显著的；总体差异和经济发展差异次之；生态环境领域的区域发展差异水平最低。纵向来看，1995～1998 年，公共服务系统的差异不断缩小；1998～1999 年，差异发展激增，由 0.7510 突然增长至 0.9380；1999 年后，其差异水平呈现不断缩小的态势，只在 2011 年出现小幅扩大。对于经济系统而言，1995～1997 年，其差异不断缩小，在 1997 年取得极小值 0.3569；1997～2003 年，差异呈现扩大趋势，并在 2003 年取得极大值 0.4737；2003 年以后，差异逐渐缩小；2009 年以后差距进一步缩小，趋于平稳。生态环境的区域差异在 1995～1997 年呈现逐渐缩小状态；1997～2000 年，差异先是略有扩大，然后又逐渐缩小；2000～2004 年，差异略有微小幅度的扩大；2004 年后，差异基本上在逐渐缩小。

总体来看，我国区域发展差异水平在 1995～1997 年逐渐缩小；1997～1999 年有所扩大，并在 1999 年达到峰值 0.4778；1999 年后，差异基本上是在不断缩小；2008 年以后差距进一步缩小，趋于平稳。

5. 中国区域协调发展水平分析

本书可以计算出 1995～2017 年全国总体及四大地区的协调发展度（见表 6.7 和图 6.5）。

表 6.7　　　　　　　1995～2017 年全国总体及四大地区的协调发展度

年份	东部	中部	西部	东北	全国总体
1995	0.6476	0.5510	0.5124	0.6248	0.4687
1996	0.6589	0.5621	0.5236	0.6326	0.4832
1997	0.6556	0.5606	0.5155	0.6219	0.4858
1998	0.6540	0.5693	0.5163	0.6442	0.4833
1999	0.6310	0.5467	0.5032	0.6277	0.4501
2000	0.6394	0.5597	0.5242	0.6504	0.4671
2001	0.6338	0.5584	0.5207	0.6510	0.4650
2002	0.6354	0.5520	0.5212	0.6536	0.4602
2003	0.6413	0.5574	0.5198	0.6531	0.4615
2004	0.6415	0.5672	0.5132	0.6558	0.4657
2005	0.6495	0.5843	0.5221	0.6569	0.4882
2006	0.6574	0.5823	0.5183	0.6579	0.4944
2007	0.6635	0.5946	0.5197	0.6688	0.5050

年份	东部	中部	西部	东北	全国总体
2008	0.6815	0.6109	0.5442	0.6741	0.5338
2009	0.6893	0.6170	0.5367	0.6759	0.5394
2010	0.6941	0.6235	0.5233	0.6738	0.5360
2011	0.6996	0.6283	0.5364	0.6811	0.5512
2012	0.7049	0.6434	0.5271	0.6888	0.5694
2013	0.7094	0.6642	0.5322	0.6898	0.5766
2014	0.7123	0.6684	0.5399	0.6916	0.5799
2015	0.7176	0.6704	0.5289	0.6976	0.5833
2016	0.7199	0.6833	0.5401	0.6999	0.5894
2017	0.7216	0.6914	0.5411	0.7002	0.5962

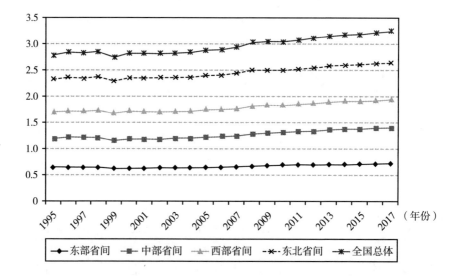

图 6.5　1995～2017 年全国及四大地区总体发展差异的协调发展度

由表 6.7 可知，全国总体与四大地区的协调发展程度总体关系为：

$$Cd_{东北} > Cd_{东部} > Cd_{中部} > Cd_{西部} > Cd_{全国总体} \qquad (6-17)$$

总体看来，在四大地区中，东北地区和东部地区的协调发展水平最高，中部地区次之，西部最低。全国总体的协调发展水平更是不容乐观，它比西部地区的协调发展水平更低。由上一节我国区域发展差异分析可知，全国总体差异最大，其次是东部地区省际差异，它远大于西部省际差异，西部省际差异大于中部，东北地区最小。这表明协调度而言，恰好是相反的，东北地区省际协调水平最高，中部次之，西部再次，东部地区协调水平更低，全国总体协调水平是最低的。再来考虑发展度，发展度是由经济、公共服务与生态系统综合指数加总而得。在计算中发现，全国总体及四大地区的发展水平关系为：

$$D_{东部} > D_{东北} > D_{全国总体} > D_{中部} > D_{西部} \qquad (6-18)$$

图6.5直观地反映了我国总体及四大地区在1995~2012年的区域协调发展水平变动趋势。就东部地区而言，其协调发展水平在1995~1999年先是升高，然后不断降低，但始终在四大地区中保持最高水平；1999年后，其协调发展水平被东北地区所超过，但总体上是在稳步提高，并于2008年反超东北地区，之后一直领先。1995~1999年，东北地区的协调发展水平经历了两次起落，仅次于东部地区；1999年后基本保持持续稳步提高，并成功超越东部地区。中西部地区以及全国总体协调发展水平变动趋势基本一致。它们同处于较低层次，1995~1998年，中部地区和全国总体的协调发展水平略有上升，西部地区略有下降；1998~1999年，它们的协调发展水平均在下降，跌至谷底；1999~2004年，协调发展水平又均实现触底反弹和低位盘整；2005~2008年后，协调发展水平均保持快速良好增长势头，不过在2009年以后又出现小幅的波动，总体呈下降趋势。

6. 中国区域协调发展类型分析

考虑将区域协调发展水平分成三大类共10种情况，如表6.8所示。

表6.8　　　　　　　　中国区域协调发展度的评判标准及类型

大类	协调发展度	协调发展类型
协调发展类	0.90~1.00	优质协调发展类
	0.80~0.89	良好协调发展类
	0.70~0.79	中级协调发展类
	0.60~0.69	初级协调发展类

区域协调发展视域下政府与市场在土地要素配置中的作用研究

大类	协调发展度	协调发展类型
亚协调发展类	0.50~0.59	勉强协调发展类
	0.40~0.49	濒临失调衰退类
失调衰退类	0.30~0.39	轻度失调衰退类
	0.20~0.29	中度失调衰退类
	0.10~0.19	严重失调衰退类
	0~0.09	极度失调衰退类

资料来源：笔者根据上文模型测算整理所得。

根据表6.8，对于1995~2017年中国整体及四大地区的协调发展水平就有了进一步的认识，如表6.9所示。

表6.9　　　　1995~2017年中国总体及四大地区协调发展类型

年份	东部	中部	西部	东北	全国总体
1995	初级协展	勉强协展	勉强协展	初级协展	濒临失衰
1996	初级协展	勉强协展	勉强协展	初级协展	濒临失衰
1997	初级协展	勉强协展	勉强协展	初级协展	濒临失衰
1998	初级协展	勉强协展	勉强协展	初级协展	濒临失衰
1999	初级协展	勉强协展	勉强协展	初级协展	濒临失衰
2000	初级协展	勉强协展	勉强协展	初级协展	濒临失衰
2001	初级协展	勉强协展	勉强协展	初级协展	濒临失衰
2002	初级协展	勉强协展	勉强协展	初级协展	濒临失衰
2003	初级协展	勉强协展	勉强协展	初级协展	濒临失衰
2004	初级协展	勉强协展	勉强协展	初级协展	濒临失衰
2005	初级协展	勉强协展	勉强协展	初级协展	濒临失衰
2006	初级协展	勉强协展	勉强协展	初级协展	濒临失衰
2007	初级协展	勉强协展	勉强协展	初级协展	勉强协展
2008	初级协展	初级协展	勉强协展	初级协展	勉强协展
2009	初级协展	初级协展	勉强协展	初级协展	勉强协展
2010	初级协展	初级协展	勉强协展	初级协展	勉强协展
2011	初级协展	初级协展	勉强协展	初级协展	勉强协展
2012	中级协展	初级协展	勉强协展	初级协展	勉强协展

年份	东部	中部	西部	东北	全国总体
2013	中级协展	初级协展	勉强协展	初级协展	勉强协展
2014	中级协展	初级协展	勉强协展	初级协展	勉强协展
2015	中级协展	初级协展	勉强协展	初级协展	勉强协展
2016	中级协展	初级协展	勉强协展	初级协展	勉强协展
2017	中级协展	初级协展	勉强协展	中级协展	初级协展

注："初级协展"指"初级协调发展";"勉强协展"指"勉强协调发展";"濒临失衰"指"濒临失调衰退"。

由表6.9可知,在中国的四大区域中,东部地区和东北地区的协调发展程度在全国走在前列,一直处于初级协调发展阶段,并且其协调发展度总体趋势稳中有升。中西部地区的协调发展水平在全国处于较低层次,基本上均处于勉强协调发展阶段。不过近年来这种状态趋向好转,特别是中部地区,2008年,其协调发展水平由勉强协调发展阶段迈进了初级协调发展阶段。总体来看,1995~2006年,我国总体协调发展水平处于濒临失调衰退阶段,地区间发展差异问题较为严重;2006~2008年,这种状况略有好转,总体协调发展水平处于勉强协调发展阶段。但总体而言,我国的区域协调发展水平还是处于较低水平。

6.3 土地整治与区域协调发展

6.3.1 机制分析

土地整治具有增加土地数量、提高土地质量和改善生态环境的重要目标,2003年3月,国土资源部颁发的《全国土地开发整理规划(2001–2010)》,明确了土地整治包含土地整理、土地复垦和土地开发三种模式,并对其概念界定进行了相关说明,土地整治对促进区域协调发展的作用路径主要有三条:第一,在经济发达地区,通过土地整治可以实现对低效利用土地及废弃地、损毁地等的再利用，盘活土地存量，适当增加土地的有效供给，在一定程度上可以对当地地价产生影响；在经济欠发达地区，通过土地整治可以实现土地资源数量的提升，并通过城乡建设用地增减挂钩政策，将富裕的土地资源指标流转给经济发达地区，一方面这样可以繁荣经济欠发达地区的土地市场；另一方面土地资源指标流转收益可以解决区域发展资金短缺问题。这样，可以缩小发达地区和欠发达地区的土地市场价格差距，进而实现两区域的发展差距。第二，土地整治与城乡建设用地增减挂钩的结合也加深了发达地区与欠发达地区的区际互动，有利于促进区际联系，进而极大地引发区域溢出效应。第三，土地整治能够有效减轻水土流失，提高土地的生态涵养能力，促进区域可持续发展。

6.3.2　变量说明与数据来源

1. 变量说明

区域协调发展水平（DLI）以前文计算所得，土地整治变量分解为三种土地整治模式的相关替代变量值，具体为土地整理程度（LC）。土地整理是提高区域人口资源禀赋的重要手段，实现创收的有力助手，也是创新土地经营模式的基础，用土地整理面积替代土地整理程度。土地复垦程度（LR）。土地复垦是缓解生态返贫的手段，也是促进生态农业或产业发展的重要方式，用土地复垦面积替代土地复垦程度。土地开发程度（LD）。土地开发是保障区域发展项目落地的重要手段，也是增加人均耕地拥有量的重要途径，用土地开发面积数据替代土地开发程度。同时，也选取了控制变量，主要是固定资产投资（fix asset）。是以货币表现的建造和购置固定资产活动的工作量通过建造和购置固定资产的活动，更新先进技术设备，对调整经济结构和生产力布局具有促进作用，对区域经济发展具有重要的促进作用，用固定资产投资额与国内生产总值（GDP）的比值表示。可支配收入（income）。可支配收入直接反映贫困人口的收入能力，可支配收入越高，贫困人口实现"两不愁、三保障"的脱贫标准的能力越强，是区域减贫的重要保障。交通基础设施水平（infra）。"要想富，先修路"，这是区域经济发展的响亮口号，仅使用铁路密度和公路密度之和度量交通基础设施水平。转移支付（TRP）。转移支付是再分配政策和发挥"涓流效应"的重要途径，其对区域贫困减少具有显著的影响，用农村居民转移性收入和财产性收入总和作为转移支付的代理变量。就业率（labor）。代表区域劳动力状况，影响区域发展水平，与区域贫困减少具有显著影响，采用年末城镇单位就业总人数与地区总人口的比值表示。

2. 数据来源

本书的数据主要来源于《中国国土资源统计年鉴》（2005—2015）、《中国宏观经济数据库》（2005—2015）、《中国区域经济数据库》（2005—2015），为了保证数据的稳定性，以及减少异方差的干扰，对所有变量数据都取了对数处理。

6.3.3　结果分析

1. 单变量回归结果分析

依次将解释变量单独引入检验模型得到结果如表 6.10 所示。分别使用固定效应（FE）方法和随机效应（RE）方法进行估计，并进行 Hausman 检验，最终确定合适的估计方法如表 6.10 所示。表 6.10 结果显示所有模型均通过 Hausman 检验，故选择固定效应模型最合适。分析结果如下：土地整理程度对区域协调发展具有积极的作用，且在 1% 水平上显著，在土地整治三种模式中，其系数估计值最大，说明土地整理模式对区域协调发展作用最大；土地复垦程度对区域协调发展具有积极作用，在 10% 水平上显著；土地开发程度对区域协调发展具有积极作用，在 10% 水平上显著。检验结果验证了土地整治对区域协调发展作用路径的存在性，为了获得稳定性检验结果，后面将三种模式变量依次纳入模型进行多次逐步回归。

表 6.10　　　　　　　　　　**单变量面板回归结果**

解释变量	模型 1（FE）	模型 2（FE）	模型 3（FE）
C	15.739*** (2.777)	5.143** (2.051)	4.826** (2.067)
log（LC）	−0.057*** (−2.888)		
log（LR）		−0.0014* (−0.1116)	
log（LD）			−0.008* (−0.419)
log（TRP）	−0.0561* (−0.3983)	−0.0323* (−0.3044)	−0.0234 (−0.2358)
log（income）	−1.1141*** (−2.6942)	−0.5789** (−2.2379)	−0.5075** (−1.9726)
log（fix asset）	0.2657 (0.7658)	0.0599 (0.4037)	0.1635 (1.2860)
log（labor）	−0.0585 (−0.3483)	−0.0692 (−0.6517)	−0.1008 (−1.0548)
log（infra）	1.4016 (1.5729)	−0.0049 (−0.0924)	−0.0447 (−0.9820)
Hausman 检验	0.0959	0.0814	0.0801
调整 R^2	0.9323	0.9330	0.9355

注：括号中数字为 t 检验值，***、** 和 * 分别表示 1%、5% 和 10% 的显著水平。

2. 多变量回归结果分析

采用逐步回归法检验土地整治三种模式：土地整理程度、土地复垦程度和土地开发程度与区域协调发展之间的关系。首先，只考虑土地整理程度（LC）及控制变量与贫困程度的变化关系（见表 6.11 中的模型 1）；其次，增加土地复垦程度（LR）变量，以考察土地复垦与贫困程度的变化关系（见表 6.11 中的模型 2）；最后，增添土地开发程度（LD）这一变量，以考察土地开发与贫困程度的变化关系（见表 6.11 中的模型 3）。

回归结果显示所有模型均通过 Hausman 检验，故选择固定效应模型最合适。利用固定效应（FE）方法逐个分析各变量对贫困程度的影响。

（1）土地整理程度对区域协调发展的影响。表 6.11 中模型 1 ~ 模型 3 的回归结果显示土地整理程度与区域协调发展之间呈极显著负相关，且土地整理模式是土地整治三种模式中对减少贫困最为显著的一种。主要原因是土地整理有利于改善地区贫瘠的土地条件，实现土地数量增加和质量提升双效应，进而提高区域人口的土地要素禀赋，实现创收，也有助于为创新农业经营模式提供基础条件，同时，土地整理模式具有适用性广的特征，尤其对贫困地区具有很强操作性。

（2）土地复垦程度对区域协调发展的影响。表 6.11 中模型 2、模型 3 的回归结果显示土地复垦程度与区域协调发展之间呈弱显著负相关，且在土地复垦模式是土地整治三种模式中对区域协调发展最为不显著的一种。主要原因是土地复垦模式的适用性较窄，仅仅对资源型区域具有明显的作用，但往往资源型区域人均收入较高，短期贫困不明显，所以土地复垦模式对区域协调发展的影响很微弱。

（3）土地开发程度对区域协调发展的影响。表 6.11 中模型 3 的回归结果显示土地开发程度与区域协调发展之间呈弱显著负相关，且土地开发模式对于区域协调发展作用在土地整治三种模式中处于中间位置。主要原因是土地开发是一种将未利用土地资源开发利用的模式类型，而在现实社会，未利用土地且具有利用价值的土地资源很少，但一旦寻找到这种土地资源，并且开发出来，其直接提高了区域人均耕地资源拥有量，对减少贫困具有立竿见影的影响。

表 6.11　　　　　　　　　　　多变量面板回归结果

解释变量	模型 1（FE）	模型 2（FE）	模型 3（FE）
C	15.7397 *** （2.7776）	15.6755 *** （2.7618）	16.0059 *** （2.8100）
log（LC）	− 0.0574 *** （− 2.8880）	− 0.0596 *** （− 2.9487）	− 0.0621 *** （− 3.0330）

解释变量	模型 1 （FE）	模型 2 （FE）	模型 3 （FE）
log （LR）		−0.0108 * （−0.6239）	−0.0088 * （−0.4997）
log （LD）			−0.0209 * （−0.7933）
log （TRP）	−0.0561 * （−0.3983）	−0.0469 * （−0.3311）	−0.0314 * （−0.2194）
log （income）	−1.1141 *** （−2.6942）	−1.1144 *** （−2.6910）	−1.1744 *** （−2.7874）
log （fix asset）	0.2657 （0.7658）	0.2777 （0.7979）	0.2741 （0.7869）
log （labor）	−0.0585 * （−0.3483）	−0.0655 * （−0.3887）	−0.0570 * （−0.3373）
log （infra）	1.4016 （1.5729）	1.4136 （1.5837）	1.3796 （1.5424）
Hausman 检验	0.0959	0.0934	0.0993
调整 R^2	0.9323	0.9321	0.9320

注：括号中数字为 t 检验值，*** 、** 和 * 分别表示1%、5%和10%的显著水平。

3. 分区域回归结果分析

以上研究是从全国层面考察土地整治对区域协调发展的影响及传导路径，但我国幅员辽阔，区域差异大，各个地区的土地整治对贫困作用也不尽相同。因此，本书进一步研究，把全国（除港澳台地区外）31 个省份按照东部、中部和西部地区划分①，考察各个区域土地整治对区域协调发展的影响及传导路径。运用多元回归模型分别探讨了东部、中部、西部三大区域土地整治对区域协调发展的影响，并进行 Hausman 检验选择最佳的估计方法。经过 Hausman 检验，中部地区和西部地区数据适合采用固定效应下的面板变量回归，东部地区数据适合采用随机效应下的面板变量回归。分区域回归结果如表 6.12 所示，可以看出：

———————

① 国家统计局官网。

表 6.12　　　　　　　　　　　　　分区域回归结果

解释变量	全国（FE）	东部（RE）	中部（FE）	西部（FE）
C	16.0059 *** （2.8100）	9.2620 * （1.4833）	7.4408 *** （3.8103）	8.3783 *** （4.0746）
log（LC）	−0.0621 *** （−3.0330）	−0.0872 * （−1.9007）	−0.0025 * （−0.4423）	−0.0053 ** （−0.6040）
log（LR）	−0.0088 * （−0.4997）	0.0408 （0.8060）	−0.0083 * （−1.4504）	−0.0013 * （−0.2000）
log（LD）	−0.0209 * （−0.7933）	0.1267 * （1.7767）	0.0024 （0.3231）	−0.0104 ** （−1.2998）
log（TRP）	−0.0314 * （−0.2194）	−0.0870 * （−0.2365）	−0.0212 * （−0.6851）	−0.0538 ** （−1.1841）
log（income）	−1.1744 *** （−2.7874）	−1.0591 * （−1.4709）	−0.5826 *** （−4.0146）	−0.7184 *** （−4.4739）
log（fix asset）	0.2741 （0.7869）	0.1852 （0.5485）	0.1088 （1.2369）	0.2525 （2.4409）
log（labor）	−0.0570 * （−0.3373）	−0.1238 * （−0.4187）	−0.1558 *** （−3.6496）	−0.0214 ** （−0.5350）
log（infra）	1.3796 （1.5424）	−0.6385 * （−1.5567）	−0.4358 * （−9.5391）	0.0033 （0.0181）
Hausman 检验	0.0993	0.1261	0.0003	0.0000
调整 R^2	0.9320	0.8348	0.9847	0.9855

注：括号中数字为 t 检验值，*** 、** 和 * 分别表示 1%、5% 和 10% 的显著水平。

　　东部、中部、西部地区土地整治对区域协调发展的影响及传导路径各不相同。对于东部地区来说，土地整理程度的系数估计值为 −0.0872，在三种模式中，其对区域协调发展的影响最大，是影响区域协调发展最主要的因素，而同时，土地开发程度的系数值为 0.1267，不利于区域协调发展，是加剧区域发展差距最主要的因素，其原因可能是东部地区贫困基本已消除，更多的区域差距问题，而土地开发是影响区域差距的重要因素之一；中部地区受到两种土地模式的影响，其中，土地复垦程度的系数估计值为 −0.0083，大于土地整理程度的系数估计值 −0.0025，是影响区域协调发展最主要的因素；西部地区受到三种土地整治模式的影响，其中，土地开发程度的系数估计值最高，达到 - 0.0104，其次是土地整理程度的系数估计值为 - 0.0053，最后是土地复垦程度的系数估计值为 - 0.0013。

从全国数据的回归结果显示，首先土地整理模式是土地整治三种模式中对区域协调发展的影响最大，且是最为稳健的一种模式，其次是土地开发模式，最后是土地复垦模式，这和三种模式的适用度有关，也与区域贫困状况、经济发展水平等有密切关系。

6.3.4　主要结论与政策启示

1. 主要结论

在构建了土地整治对区域协调发展作用路径框架的基础上，并建立了土地整治与区域协调发展的计量经济模型，利用省级面板数据定量检验了土地整治对区域协调发展的影响及作用路径的存在性及影响程度，结论如下：

（1）土地整治对区域协调发展的传导路径与土地整治的三种模式密切相关，可以通过增加土地数量、提高土地质量和改善生态环境来实现，表现为多条影响路径；（2）土地整理模式、土地开发模式和土地复垦模式对区域协调发展具有积极作用，影响程度依次为土地开发模式 > 土地复垦模式 > 土地整理模式；（3）由分区域回归结果可知，土地整理程度是促进东部地区区域协调发展最主要的因素，中部地区受到两种土地模式的影响，土地复垦程度是中部地区区域协调发展最主要的因素，西部地区受到三种土地整治模式的影响，土地开发程度是西部地区区域协调发展最主要的因素。

2. 政策启示

基于上述结论，提出以下政策建议：（1）依据土地整治对区域协调发展的影响及作用路径的区域差异性，寻找区域协调发展的着力点，制定差异化的土地整治政策，密切配合区域协调发展战略的实施，最大限度地保证土地整治与区域协调发展的融合。加强土地整治的督查，提高区域土地整治效率，避免铺张浪费和重复投入，进而提升区域发展效率。

（2）创新土地整治利用方式，充分利用好土地政策对区域协调发展的影响，切实发挥土地资源对于区域协调发展的促进作用。依据区域禀赋差异，挖掘土地利用与区域协调发展的创新融合潜力因素，制定符合区域差异的土地利用政策和区域协调发展措施，实现区域协调一体化发展。

（3）加大国家政策倾斜力度，使资源向贫困地区聚集。尤其是西部贫困程度深的地区，要将土地政策与区域协调发展相结合，保障区域协调发展项目的土地需求，充分发挥土地对区域协调发展作用；中部地区要因地制宜地加大土地复垦力度和土地整理强度，发挥土地对区域协调发展的最大作用；东部地区积极融入东西部协作扶贫工作，发挥东部地区的后备支撑力量作用，助推区域协调发展的进程。

6.4 土地政策与区域协调发展①

6.4.1 机制分析

使用土地政策调控区域发展布局是我国区域协调呈现新格局的一个重要因素。基于土地资源"三位一体"属性视角，从土地整治、土地确权、土地征收三个方面构建了差别化土地政策促进区域协调发展的实现路径。土地整治具有增加土地数量、提高土地质量和改善生态环境的重要目标，开展土地整治无论是对发达区域还是欠发达区域而言都能够实现双赢局面，并会通过土地市场价格趋同及土地资源价值提升来实现区域的协调发展；土地确权对于欠发达区域，特别是广大农村来说，可以

① 主要参考引用本著作者文献，钟文，钟昌标，马超. 土地扶贫的减贫效应及实现路径分析——基于土地资源"三位一体"属性视角 [J]. 农村经济，2018（11）：47–52.

盘活土地资源，增加土地价值，从而提高区域收入水平；土地征收可以快速实现征收区域土地资源的价值，进而增加区域收入，但同时也会加剧区域之间的差距，所以需要国家实施战略举措来调控，扭转土地征收的消极影响，促使区域协调发展。

6.4.2 变量说明与数据来源

1. 变量说明

贫困程度（poverty）。对于贫困程度的度量，借鉴张俊良和闫东东的测算方法，用城市居民最低生活保障人口与农村居民最低保障人口来表示贫困人口的识别，然后两类人口之和与年末总人口之比来测量贫困程度。土地资源属性度（LR）。选取年末土地整治面积作为土地属性度的代理指标。土地整治是对低效利用、不合理利用和未利用的土地进行整治，对生产建设破坏和自然灾害损毁的土地进行恢复利用，以提高土地利用率的活动，土地整治有助于区域协调发展。土地资本属性度（LC）。选取年末土地征收面积作为土地资本属性度的代理指标。土地征收程度的强弱所显现的是区域土地价值的高低，进一步通过适度土地财政体现出区域土地资源的资本融通能力。资本融通能力越强，政府预算外收入越多，其所拥有的区域发展资源越充足，对于贫困地区的经济发展和帮扶作用越大，就越有利于区域脱贫。土地资产属性度（LA）。选取集体建设用地使用权确权和宅基地使用权确权的程度作为土地资产属性度的代理指标。土地确权政策是完善贫困地区土地产权、规范土地交易市场的有力举措，有利于保障贫困地区农村土地流转和农业现代化发展的土地基础，将土地承包经营权合法自愿过渡给有经营能力的主体，是农业适度规模化和集约化的发展诉求，也是提高贫困农户收入能力的有效手段，整体上有助于区域发展。同时，也选取了一些控制变量：固定资产投资（fix asset）。其是以货币表现的建造和购置固定资产活动的工作量，通过建造和购置固定资产的活动，更新先进技术设备，对调整经济结构和生产力布局具有促进作用，对区域经济发展具有重要作用，有利于区域协调发展。可支配收入（disposable income）。可支配收入直接反映区域人口的收入能力，可支配收入越高，区域生活条件改善越好，是区域协调发展的重要保障。农业机械总动力（machinery）。农业机械总动力越大，说明区域劳动生产率越高，是区域农业生产规模化和集约化的反映，区域农业劳动生产率水平越高，贫困农户收入越多，越有利于区域协调发展。

2. 数据来源

本书所需数据主要来源于《中国国土资源统计年鉴》（2005—2015）、《中国宏观经济数据库》（2005—2015）、《中国区域经济数据库》（2005—2015），为了保证数据的稳定性，以及减少异方差的干扰，对所有变量数据都取了对数处理。

6.4.3 结果分析

1. 多变量回归结果分析

土地政策对区域协调发展影响检验结果报告如表 6.13 所示，其中回归方程（1）是土地资产属性度、土地资本属性度和土地资源属性度对区域协调发展作用的单变量的回归，回归方程（2）是在加入一些控制变量后研究土地资产属性度、土地资本属性度和土地资源属性度对区域协调发展的影响分析。土地资产属性度、土地资本属性度和土地资源属性度对区域协调发展影响都为负，并且通过了显著性检验，说明土地资产属性度、土地资本属性度和土地资源属性度有利于区域协调发展，土地扶贫对区域协调发展的影响存在。三者的影响由强至弱分别为：土地资产属性度、土地资本属性度和土地资源属性度，并进一步发现，土地政策对区域协调发展的影响及实现路径主要通过三个方面实现：一是土地整治具有增加土地数量、提高土地质量和改善生态环境的重要目标，开展土地整治无论是对发达区域还是欠发达区域而言都能够实现双赢局面，并会通过土地市场价格趋同及土地资源价值提升来实现区域的协调发展；二是土地确权对于欠发达区域，特别是广大农村来说，可以盘活土地资源，增加土地价值，从而提高区域收入水平；三是土地征收可以快速实现征收区域土地资源的价值，进而增加区域收入，但同时也会加剧区域之间的差距，所以需要国家实施战略举措来调控，扭转土地征收的消极影响，促使区域协调发展。此外，各主要控制变量对区域协调发展的影响作用也符合实现预期。

表 6.13 多变量回归结果

解释变量	贫困程度	
	(1)	(2)
土地资产属性度	− 0.089 ** (− 2.093)	− 0.116 *** (− 3.235)
土地资本属性度	− 0.127 ** (− 2.108)	− 0.061 ** (− 2.023)
土地资源属性度	− 0.072 ** (− 2.082)	− 0.045 ** (− 1.993)
固定资产投资		− 0.127 * (− 2.736)
可支配收入		− 2.511 *** (− 14.448)
农业机械总动力		− 0.107 *** (− 2.565)
观测值	341	341
调整 R^2	0.432	0.650

注：括号中数字为 t 检验值，*** 、** 和 * 分别表示 1%、5% 和 10% 的显著水平。

2. 分区域回归结果分析

各区域的土地政策对区域协调发展的影响不一样（见表6.14）。回归方程（1）、（3）、（5）是不包含控制变量的土地资源属性度、土地资产属性度和土地资本属性度对区域协调发展的影响，其中东部地区主要受土地资源属性度和土地资产属性度的影响，且前者的影响程度大于后者，中部地区主要受土地资源属性度的显著影响，西部地区主要受土地资本属性度的影响；回归方程（2）、（4）、（6）是加入了控制变量的土地资源属性度、土地资产属性度和土地资本属性度对区域协调发展的影响，其中东部地区主要受土地资产属性度和土地资源属性度的影响，且前者影响大于后者，中部地区主要受土地资源属性度的显著影响，西部地区主要受土地资源属性度和土地资本属性度的影响，且前者影响大于后者。这主要和各个区域的自然地形条件、经济发展水平和贫困状况差异有关。东部地区地形相对平缓，经济发展水平高，非农收入占居民收入的主要部分，并且东部地区贫困人口最少，贫困程度最浅，所以东部地区区域协调发展主要通过土地确权形成贫困人口的土地资产和土地整治提升土地增加附加值来实现，中部地区地形相对平缓，土地资源丰富，农用地利用强度大，传统农业根基深，土地整治适用性强，且整治面积大，农业生产具有规模经济效益和集聚经济效益，农民收入较高，有利于区域协调发展，同时，中部地区相对于西部地区具有贫困程度浅的优势，所以中部地区土地政策对区域协调发展的影响主要通过土地整治提升土地利用效率，提高贫困人口收入来实现。而西部地区是我国贫困人口最多的区域，贫困面广、贫困程度深，并且经济发展水平落后、自然地理环境较差、土地资源禀赋不足，其土地政策对区域协调发展的影响主要通过土地整治提升土地附加值和土地征收提高土地财政来实现，总体还是处于追求经济发展的资本积累阶段。同时，各主要控制变量基本符合预期。

表 6.14 分区域回归结果

解释变量	东部地区		中部地区		西部地区	
	（1）	（2）	（3）	（4）	（5）	（6）
土地资产属性度	− 0.033 ** （− 1.347）	− 0.038 * （− 0.634）	0.040 （1.511）	0.019 （0.904）	0.033 （0.914）	0.029 （1.064）
土地资本属性度	0.041 * （0.503）	0.129 ** （1.938）	0.115 （1.265）	− 0.021 （− 0.350）	− 0.097 * （− 1.924）	− 0.029 * （− 0.727）

区域协调发展视域下政府与市场在土地要素配置中的作用研究

解释变量	东部地区		中部地区		西部地区	
	(1)	(2)	(3)	(4)	(5)	(6)
土地资源属性度	−0.070* (−1.610)	−0.026* (−0.825)	−0.317*** (−5.877)	−0.342*** (−5.391)	0.0493 (0.769)	−0.076* (−1.195)
固定资产投资		0.476*** (3.360)		−0.032** (−1.503)		−0.147* (−1.660)
可支配收入		−2.994*** (−8.050)		−0.111** (−2.270)		−1.302*** (−2.769)
农业机械总动力		−0.387*** (−5.131)		−0.085* (−1.714)		0.351*** (2.936)
观测值	121	121	110	110	110	110
调整 R^2	0.455	0.592	0.492	0.612	0.442	0.613

注：括号中数字为 t 检验值，***、**和*分别表示1%、5%和10%的显著水平。

6.4.4 主要结论与政策启示

1. 主要结论

本书基于土地资源"三位一体"属性分析了土地政策对区域协调发展的影响及实现路径，并利用省级面板数据进行了经验分析。结果表明，由于自然地形条件、经济发展水平和贫困状况差异，土地政策对区域协调发展的影响可以通过土地资源的资产、资本和资源属性实现，表现为多条影响路径，全国层面上，土地资产属性度、土地资本属性度和土地资源属性度对区域协调发展具有显著的积极作用，且影响程度由强至弱为：土地资产属性度、土地资本属性度、土地资源属性度，区域层面上，东部地区主要受土地资产属性度和土地资源属性度的影响，且前者影响大于后者，中部地区主要受土地资源属性度的显著影响，西部地区主要受土地资源属性度和土地资本属性度的影响，且前者影响大于后者。

2. 政策启示

基于上述结论，提出以下政策建议：（1）依据土地政策对区域协调发展的影响及实现路径的区域差异性，寻找区域协调发展的着力点，制定差别化的土地利用政策，密切配合区域协调发展措施的实施，最大限度地保证土地利用与区域协调发展战略的融合。加强土地利用的督查，提高区域土地利用效率，避免铺张浪费和重复建设，进而提升土地政策促进区域协调发展的效率。（2）灵活调整国家土地政策，合理配置土地资源，使土地资源在各个区域发挥最大限度的效益。东部地区要加快推进土地确权工作，提高人均贫困人口的土地资产量，同时，积极融入东西部协作扶贫工作，发挥东部的后备支撑力量作用，为全国区域协调发展提供有力的支撑；中部地区要因地制宜地加大土地整治的力度，发挥土地政策对区域协调发展的最大作用，进一步提高土地利用附加值，提升区域人口的收入；西部贫困程度深的地区，要将土地政策与区域协调发展方式相结合，发挥土地整治的作用，保障区域项目的土地需求，实现土地政策对区域协调发展影响作用的充分发挥，同时，适度发挥土地财政对区域经济发展的促进作用。

6.5 交通基础设施与区域协调发展[①]

6.5.1 机制分析

中国区域间的土地资源再配置，相当大一部分是通过向不同区域基础设施投入实现的。新经济地理学的理论认为，经济体区域经济发展失衡主要源于不同区域经济密度外部性差异循环累计的优势自我强化结果。

---

① 钟文，钟昌标，郑明贵，等. 兼顾公平与效率的交通基础设施与区域协调发展研究——基于新经济地理学视角 [J]. 地域研究与开发，2019，38（6）：1-5，28.

在区域经济密度分布的决定机制中，商品和要素能否顺利流动至关重要，而这在相当大程度上取决于基础设施的效率，土地资源配置也不例外。所以分析区域土地资源的最优配置可以间接分析政府在不同区域以公共基础设施投入为手段的最优资源配置。交通基础设施是区域协调发展的基本条件，加强欠发达区域交通基础设施的改善对区域协调发展具有重要的促进作用，一方面可以促进区域分工与协作，发挥区域比较优势，并逐步形成合理的区域分工布局；另一方面可以逐步缩小区域之间居民生活福利水平差距，实现基本公共服务均等化目标。

6.5.2 变量说明与数据来源

1. 变量说明

区域协调发展水平（DLI）以前文计算所得，交通基础设施水平（infra），借鉴以往文献，采用交通密度来测度交通基础设施存量水平，鉴于内河航运不存在于每个省份，参照刘秉镰的研究方法，仅适用铁路密度和公路密度之和度量交通基础设施水平。同时，选取了控制变量：财政分权（FID）。财政分权在一定程度上使得各行政辖区具有更大的财政权力来实现区域经济的发展和提升，有利于区域发展追赶的实现。财政分权用地方人均财政支出/（地方人均财政支出＋中央人均财政支出）来度量。外资效应（FOE）。东道国市场规模（水平FDI）和东道国原材料和廉价劳动力（垂直FDI）都会对我国区域协调发展产生显著影响，因此，本书用FDI与GDP之比表示外资规模，以考察外资对区域协调的影响。转移支付（TRP）。转移支付是再分配政策和发挥"涓流效应"的重要途径，其对区域协调发展具有显著的影响，用农村居民转移性收入和财产性收入总和作为转移支付的代理变量。固定资产投资（investment）。固定资产投资是区域发展的重要支撑，其对区域协调发展也具有显著影响，用固定资产投资额与国内生产总值（GDP）的比值作为固定资产投资水平的代理变量。劳动力（labor），代表区域劳动力状况，影响区域发展水平，与区域协调发展具有显著影响，采用年末城镇单位就业总人数与地区总人口的比值表示。

2. 数据来源

本书的数据主要来源于《中国统计年鉴》（2005—2016）、各省份《统计年鉴》（2005—2016）、《中国财政统计年鉴》（2005—2016）、《中国宏观经济数据库》（2005—2016）、《中国区域经济数据库》（2005—2016），为了保证数据的稳定性，以及减少异方差的干扰，对所有变量数据都取了对数处理。

6.5.3 结果分析

1. 多变量回归结果分析

交通基础设施对区域协调发展影响的效应及机制检验结果报告见表6.15，其中回归方程（1）是交通基础设施对区域协调发展作用的单变量的回归，回归方程（2）是在加入控制变量后研究交通基础设施对区域协调发展的影响分析。交通基础设施对区域协调发展影响都为正，并且通过了显著性检验，说明交通基础设施有利于区域协调发展，交通基础设施对区域协调发展的影响效应及机制存在，并进一步发现，交通基础设施对区域协调发展影响的效应及机制作用主要通过两个方面实现：一方面，由于交通基础设施投资具有公共产品性质，经济欠发达地区一定程度上处于投资需求量较大的区域，务必获得较大的投资集聚效应，从而会带来比较广泛的产业关联效应，所以投资增加也带动了相关产业的产出增加，并通过投资乘数效应的扩大带动区域经济增长，进一步缩小与经济发达地区的发展差距，实现区域协调发展；另一方面，交通基础设施的发展可以形成完善的交通网络和高密度的路网布局，进而强化区域间的经济联系强度，扩展区域边界，增加知识溢出的可能性，提升区域创新能力的共享性，从而实现区域的协调发展。

表 6.15   交通基础设施对区域协调发展影响的效应及机制检验结果

解释变量	log（DLI）	
	（1）	（2）
log（infra）	0.108051 *** （15.2786）	0.073244 *** （20.62719）
log（FID）		0.055325 *** （3.005423）
log（FOE）		0.022905 *** （7.142343）
log（TRP）		0.120941 *** （23.202020）
log（investment）		−0.051225 *** （−5.430640）
log（labor）		0.072087 *** （9.430367）
观测值	372	372
调整 R^2	0.575691	0.926737

注：括号中数字为 t 检验值，***、** 和 * 分别表示 1%、5% 和 10% 的显著水平。

2. 分区域回归结果分析

各区域的交通基础设施对区域协调发展的影响效应及机制不一样（见表 6.16）。回归方程（1）、（3）、（5）是不包含控制变量的交通基础设施对区域协调发展的影响效应及机制检验，交通基础设施对区域协调发展的作用对东部地区最为明显，其次是西部地区，且都在 1% 水平上显著，而对中部地区的作用程度最低，在 10% 水平上显著；回归方程（2）、（4）、（6）是加入了控制变量的交通基础设施对区域协调发展的影响效应及机制检验，交通基础设施对区域协调发展的影响对东部地区、中部地区和西部地区都具有显著作用，对各区域的显著作用由强至弱为：东部地区、西部地区、中部地区。这主要和区域经济发展水平和基础设施状况有关，东部地区经济发展水平最好，其基础设施条件状况同样最完善，且各省份及省份内部之间的差距最小，所以交通基础设施对区域协调发展的作用是"锦上添花"的作用,其作用的边际效应处于技术改造提升的状态,西部地区相反,是三个区域中经济发展水平最低、基础设施状况最差的区域,且各省份的平均发展水平差距不明显,所以交通基础设施对区域协调发展的作用是"雪中送炭"的作用,其作用的边际效应还处于上升趋势,而中部地区的经济发展水平和基础设施状况都处于三个区域的中间水平,且各省份的平均发展水平已达到一定高度,但不足与东部地区相比较,所以交通基础设施对区域协调发展的作用显得平庸,其作用的边际效应处于下降的态势。

表 6.16 交通基础设施对区域协调发展影响的效应及机制区域差异性

解释变量	东部地区		中部地区		西部地区	
	(1)	(2)	(3)	(4)	(5)	(6)
log (infra)	0.324293 *** (12.69506)	0.111739 *** (5.775805)	0.011345 * (1.874847)	0.023882 *** (6.549733)	0.061523 *** (9.617373)	0.071188 *** (12.57755)
log (FID)		0.044571 ** (2.027650)		0.030839 * (1.433985)		0.030797 (0.239561)
log (FOE)		0.024544 ** (2.612409)		0.013263 *** (2.933231)		0.010795 * (1.738141)
log (TRP)		0.093846 *** (8.586125)		0.042636 *** (6.164783)		0.142232 *** (7.533692)
log (investment)		− 0.037172 ** (− 2.610041)		0.032345 * (1.620158)		− 0.020218 (− 0.491177)
log (labor)		0.126082 *** (7.482011)		0.046994 *** (5.832254)		0.040710 *** (3.210165)
观测值	132	132	120	120	120	120
调整 R^2	0.550083	0.902028	0.895024	0.939842	0.734709	0.903477

注:括号中数字为 t 检验值,*** 、** 和 * 分别表示 1% 、5% 和 10% 的显著水平。

6.5.4 主要结论与政策启示

1. 主要结论

本书在新经济地理学的理论框架下,重点以交通基础设施为研究对象,探讨了由政府决定的在不同区域进行交通基础设施投入对区域均衡和经济增长的影响，还实证检验了交通基础设施对区域协调发展的影响效应及机制，从而间接研究土地资源配置对区域协调发展的影响，实证结果表明：（1）全国层面，交通基础设施对区域协调发展具有积极的促进作用，主要通过投资效应和知识溢出效应机制实现；（2）分区域看，交通基础设施对区域协调发展的影响作用由强至弱为：东部地区、西部地区、中部地区，这主要因为区域经济发展水平和交通基础设施状况存在差异，其所导致的作用边际效应差异决定的；（3）转移支付和就业率与区域协调发展水平显著正相关；（4）影响区域协调发展和经济增长的主要因素是东部地区和区域间的交通基础设施差异，因此政府可以通过降低东部地区和区域间的交通基础设施差异来降低区域间的失衡程度。

2. 政策启示

基于上述结论，提出以下政策建议：（1）依据交通基础设施对区域协调发展的影响效应及机制的区域差异性，寻找区域协调发展的着力点，制定差别化的交通基础设施投资策略，密切配合区域协调发展政策的实施，最大限度地保证交通基础设施与区域协调发展的创新融合。（2）科学有效地制定区域转移支付制度，发挥转移支付对区域协调发展的最大潜力。财政转移支付在一定程度上缓解了中西部地区财力不足的矛盾，弥补了财政收支缺口，保证了地方各级政府正常履行职能的需要，促进了地区间基本公共服务均等化，对缩小东中西部地区原有的经济差距起到了积极作用。（3）积极践行党的十九大报告关于主要矛盾的指导意见，实现兼顾公平与效率的区域协调发展。在我国发展进入新时代这一历史背景下，为适应国内外更为复杂的发展环境，应摒弃现有单纯以效益评判和引导的战略布局，将提升区域发展的效率和均衡水平共同作为建设重点，紧扣"公平与效率"这一人类经济生活中的基本矛盾，把公平效率理论嵌入区域经济协调发展研究中，使效率与公平从国家层面扩展到区域层面，实现公平效率概念引入区域协调发展的理论框架中来确定宏观政策。

6.6 土地出让方式与区域协调发展

6.6.1 机制分析

土地出让方式包含了协议出让、招标出让、拍卖出让及挂牌出让四种主要的方式。协议出让是政府与土地使用者协商定价，而招拍挂出让则是社会公开出让，因此，土地出让方式的差别天然地成为政府与市场配置土地资源差异检验的适宜工具。土地出让方式通过产业转移影响发达区域与欠发达区域的经济社会发展，进而影响区域协调发展。其具体传导机制主要有两个方面内容，一方面，欠发达区域通过土地协议出让吸引发达区域的产业转移，可以实现区域投资与税收的增加，促进欠发达区域的发展，同时，通过招拍挂出让方式实现土地市场化发展，提升区域服务业发展的竞争力，从而促进产业结构的优化升级；另一方面，发达区域通过产业专业，将夕阳产业转出而腾出土地，用于新一轮的招商引资，并引进高新技术产业，从而加速了区域产业结构升级的进程。整体而言，这样有利于区域协调发展。

6.6.2 变量说明与数据来源

1. 变量说明

区域协调发展水平（DLI）以前文计算所得，土地出让方式主要有政府主导的协议出让，以及市场主导的招拍挂出让，这两种土地出让方式契合了政府与市场配置土地资源的情景。协议出让（AT）采用协议出让面积占总出让面积的比值来衡量，招拍挂出让（BHO）采用招拍挂出让面积之和占总出让面积的比值来替代。同时，选取了控制变量：财政分权（FID）。财政分权在一定程度上使得各行政辖区具有更大的财政权力来实现区域经济的发展和提升，有利于区域发展追赶的实现。财政分权用地方人均财政支出/（地方人均财政支出 + 中央人均财政支出）来度量。外资效应（FOE）。东道国市场规模（水平 FDI）和东道国原材料和廉价劳动力（垂直 FDI）都会对我国区域协调发展产生显著影响，因此，本书用 FDI 与 GDP 之比表示外资规模，以考察外资对区域协调的影响。转移支付（TRP）。转移支付是再分配政策和发挥"涓流效应"的重要途径，其对区域协调发展具有显著的影响，用农村居民转移性收入和财产性收入总和作为转移支付的代理变量。固定资产投资（investment）。固定资产投资是区域发展的重要支撑，其对区域协调发展也具有显著影响，用固定资产投资额与国内生产总值（GDP）的比值作为固定资产投资水平的代理变量。就业率（labor）。代表区域劳动力状况，影响区域发展水平，与区域协调发展具有显著影响，采用年末城镇单位就业总人数与地区总人口的比值表示。

2. 数据来源

本书的数据主要来源于《中国统计年鉴》（2005—2016）、各省份《统计年鉴》（2005—2016）、《中国财政统计年鉴》（2005—2016）、《中国宏观经济数据库》（2005—2016）、《中国区域经济数据库》（2005—2016），为了保证数据的稳定性，以及减少异方差的干扰，对所有变量数据都取了对数处理。

6.6.3　结果分析

1. 多变量回归结果分析

土地出让方式对区域协调发展影响的效应及机制检验结果报告如表 6.17 所示，其中回归方程（1）是协议出让方式对区域协调发展作用的单变量的回归，回归方程（2）是在加入控制变量后研究协议出让对区域协调发展的影响分析。协议出让方式对区域协调发展影响都为负，并且通过了显著性检验，说明政府主导的土地协议出让方式总体上不利于区域协调发展，究其原因可以发现，在财政激励与晋升激励的双重刺激下，地方政府投资存在偏向，轻农村重城市，轻基本公共服务重经济发展竞争，并在路径依赖的作用下，这种偏向越发明显，从而不利于区域协调发展。回归方程（3）是招拍挂出让方式对区域协调发展的单变量的回归，回归方程（4）是在加入控制变量后招拍挂出让方式对区域协调发展的影响回归。招拍挂出让方式对区域协调发展影响都为正，并且通过了显著性检验，说明市场主导的土地出让方式整体上有利于区域协调发展。其原因可能是市场配置土地资源具有天然的效率优势，充分发挥土地资源的价值，有序引导了区域产业结构布局与优化，促进了区域社会经济的一体化发展，从而实现区域的协调发展。

表 6. 17 多变量回归结果

解释变量	lnDLI			
	（1）	（2）	（3）	（4）
lnAT	−0. 119 *** （−27. 28）	−0. 311 *** （−8. 50）		
lnBHO			0. 229 *** （21. 27）	0. 053 *** （7. 87）
lnInvestment		0. 109 *** （6. 74）		0. 113 *** （6. 89）
lnFID		0. 616 *** （3. 92）		0. 067 *** （4. 26）
lnLabor		0. 025 *** （6. 33）		0. 024 *** （6. 04）
lnFOE		0. 002 （0. 57）		0. 001 （0. 08）
lnTRP		0. 078 *** （13. 11）		0. 085 *** （14. 81）
观测值	403	403	403	403
调整 R^2	0. 281	0. 512	0. 200	0. 499

注：括号中数字为 t 检验值，*** 、** 和 * 分别表示 1%、5% 和 10% 的显著水平。

2. 分区域回归结果分析

各区域的交通基础设施对区域协调发展的影响效应及机制不一样（见表6.18）。回归方程（1）、（3）、（5）是不包含控制变量的协议出让与"招拍挂"出让对区域协调发展的影响效应及机制检验。协议出让方式对区域协调发展的作用在东部地区、中部地区与西部地区都是显著为负，说明协议出让方式不利于整体的区域协调发展。"招拍挂"出让方式对区域协调发展在东部地区、中部地区与西部地区都具有积极促进作用，且对中部地区的影响作用最大，其次是东部地区与西部地区；回归方程（2）、（4）、（6）是加入了控制变量的土地出让方式对区域协调发展的影响效应及机制检验。协议出让方式对区域协调发展的作用在东部地区、中部地区与西部地区都是显著为负，说明协议出让方式不利于整体的区域协调发展，对各区域的负向显著作用由强至弱为：东部地区、中部地区、西部地区。这主要和区域经济发展水平和市场经济发展状况有关。在东部与中部，"招拍挂"出让方式对区域协调发展的作用显著为正，且对中部的作用大于东部，而对西部的区域协调发展作用为负，但不显著，说明西部地区土地要素市场发展不完善，基本上还是政府主导的土地出让方式。

表6.18 分区域回归结果

解释变量	东部地区		中部地区		西部地区	
	（1）	（2）	（3）	（4）	（5）	（6）
lnAT	−0.056 *** (−5.89)	−0.125 ** (−2.33)	−0.072 *** (−4.79)	−0.016 (−1.81)	−0.129 *** (−9.71)	−0.025 *** (−3.29)
lnBHO	0.083 *** (4.34)	0.037 *** (3.67)	0.151 *** (4.02)	0.041 ** (1.89)	0.043 * (1.57)	−0.015 (−1.21)
lninvestment		0.048 *** (2.88)		0.248 *** (6.37)		0.192 *** (5.92)
lnFID		0.031 *** (2.20)		0.073 *** (3.04)		0.509 *** (7.52)

解释变量	东部地区		中部地区		西部地区	
	（1）	（2）	（3）	（4）	（5）	（6）
lnlabor		0.040 *** (5.61)		0.018 *** (3.06)		0.014 ** (2.30)
lnFOE		− 0.018 ** （− 2.30）		− 0.011 （− 1.40）		0.009 ** (2.21)
lnTRP		0.078 *** （10.86）		0.026 *** (2.28)		0.038 *** (3.32)
观测值	143	143	104	104	156	156
调整 R^2	0.156	0.679	0.710	0.879	0.568	0.609

注：括号中数字为 t 检验值，*** 、** 和 * 分别表示 1%、5% 和 10% 的显著水平。

6.6.4 主要结论政策启示

1. 主要结论

研究在政府与市场配置土地要素效率比较的理论分析基础上，重点以土地出让方式为研究对象，探讨了分别由政府与市场决定的在不同区域进行土地要素配置对区域均衡和经济增长的影响，并进行了实证检验，实证结果表明：（1）全国层面，一方面，土地协议出让对区域协调发展具有负向作用，主要是地方政府受财政激励与晋升激励的双重刺激实现；另一方面，土地招拍挂出让方式对区域协调发展具有积极的促进作用，其原因可能是市场配置土地要素具有天然的效率优势，充分发挥土地要素的价值，有序引导了区域产业结构布局与优化，促进了区域社会经济的一体化发展，从而实现区域的协调发展。（2）分区域看，土地协议出让方式对区域协调发展的作用在东部、中部与西部地区都是显著为负，说明协议出让方式不利于整体的区域协调发展，对各区域的负向显著作用由强至弱为：东部地区、中部地区、西部地区。这主要和区域经济发展水平和市场经济发展状况有关。在东部与中部地区，招拍挂出让方式对区域协调发展的作用显著为正，且对中部地区的作用大于东部地区，而对西部地区的区域协调发展作用为负，但不显著，说明西部地区土地要素市场发展不完善，基本上还是政府主导的土地出让方式。

2. 政策启示

基于上述结论，提出以下政策建议：（1）依据土地出让方式对区域协调发展的影响效应及机制的区域差异性，寻找区域协调发展的着力点，制定差别化的土地出让策略，密切配合区域协调发展政策的实施，最大限度地保证土地要素配置与区域协调发展的创新融合。（2）科学有效地制定区域土地要素市场化发展的制度，发挥市场经济对资源的有效配置。对于市场经济发展薄弱的区域，需要究其原因、对症下药，努力改善区域的整体市场经济发展环境，特别是土地要素市场化发展。（3）积极践行党的十九大报告关于主要矛盾的指导意见，实现兼顾公平与效率的区域协调发展。在我国发展进入新时代这一历史背景下，为适应国内外更为复杂的发展环境，地方政府应摒弃现有单纯以效益评判和引导的战略布局，将提升区域发展的效率和均衡水平共同作为建设重点，扭转投资偏向，切实为实现基本公共服务均等化、基础设施通达度比较均衡及人民生活水平大体相当而提高执政水平。

第 7 章

基于土地要素配置的
区域协调发展措施国外经验

　　土地是一个区域发展的必备基础，也是开展一切生产生活的载体，而土地要素的优化配置不仅是使该区域效益最大化的重要手段，更是实现区域协调发展的重要途径（李明川，2015）。西方发达国家具有市场经济制度优势，在促进区域协调发展过程中，市场手段与政府行政调控的运用相对成熟。主要调控手段包括市场整合、区域分工与合作、区域一体化、社会合作等，重点通过国土空间规划手段来实现。区域协调发展作为市场经济体系成熟的一个重要标志，有利于工业、农业和科学技术的现代化，有利于提升国际竞争力。中国作为土地面积较大的国家，地区间的不平衡是发展中的必然现象。可怕的并不在于差异有多大，而是地区间的人为分割，这是大国市场发育中的一个大难题。尽管目前的一些发达国家并不存在类似中国国内市场地区间封锁问题，因为经过资本主义几百年的发展，商品经济的高度发达已要求统一的国内市场成为经济和社会发展的基本条件，但世界上不少国家，特别是一些疆域大同时存在地区发展水平差异的国家，他们处理地区垄断行为的一些政策措施值得中国借鉴。

7.1 美国政府的州际协调
——国土空间发展规划强化①

7.1.1 实行灵活的地方税收制度

根据经济发展水平的地区差异性特征，在保证联邦税收和各州合理有序发展的前提下，允许实行差异化的税收政策，创造有利的区域投资环境，而对欠发达地区允许免税或贴息贷款政策，这在一定程度上增强了各州经济的自我发展能力。

7.1.2 实行合理的财政转移支付制度

美国联邦政府通过转移支付对欠发达地区提供财政优惠，调节各州经济发展。对东北部发达地区多征税，并把余量转移至西南部落后地区，同时，允许落后地区保留更多财政资金以促进其发展。同时，通过法律手段强化国土空间开发，如 1862 年颁布的《宅地法》规定，凡是美国公民缴纳 10 美元就可以获得 160 英亩的土地，5 年后可享受土地所有权，这一制度充分调动了人民积极性和刺激了经济发展；20 世纪后，先后颁布了《地区再开发法》《阿巴拉契亚区域开发法》，以此实行有计划的区域开发，所涉及的区域配套相应的转移支付政策。

7.1.3 加快国内贸易循环

国内贸易的发展对美国统一市场的建立产生重要作用，而要加强国

---

① 范恒山，曹文炼．国外区域经济规划与政策的研究借鉴［M］．北京：人民出版社，2018．

内贸易关系，除了法律的保障外，从经济上说，主要在于充分利用了三大地区之间的优势互补。

1815 年，刚刚起步的美国经济还不是一个整体，而是由三个相对独立的经济部分组成：北部，从新英格兰和大西洋中部各州沿岸到宾夕法尼亚和北特拉华；南部，包括使用黑奴的各州；西部，横贯阿巴拉契亚山脉的地区。19 世纪初，交通运输业的发展逐渐将这三部分联系起来，但各地仍保留各自的比较经济优势。北部为南部和西部提供服装和工业制品，南部为北部提供棉花，西部为北部和南部提供粮食、农产品和皮革。三个地区的经济相互依赖、相互支撑。随着 19 世纪 30 年代地区专业化和地区间贸易关系的加速发展，纺织、服装、鞋靴及其他消费品的市场形成了国家一级的规模，自给自足水平下降，专业化水平和劳动分工程度提高，出现了工业地方化、职能专业化，以及企业规模的不断增大。这就是美国国内市场的"三角贸易"特色。美国国内"三角贸易"的最后形成和区际贸易的发达，被认为是其统一的国内市场形成过程中的重要步骤，它标志着美国区域经济关系的新进展。

在处理走向工业化的东北部、奴隶制种植园的南部和垦殖农业的西部三者间关系上，美国发挥了作为全国资本主义发展的东北部地区的核心作用，其利用这一核心将全国都纳入统一的国内市场，使自己在这个经济体系中处于支配地位。这一扩散过程大致是：东部地区工业发展最快，纽约、新泽西及宾夕法尼亚的大部分是工业最发达的地区；中西部各州的工业紧随其后，也逐渐发展成为发达的地区；伊利诺伊州、爱俄华州一带，既是盛产玉米的农业区，同时又逐渐成为全国的工业中心；西部地区也在不断开发、建设过程中；而南部地区在 19 世纪后半期长期发展缓慢，较东部、北部甚至西部都要落后，19 世纪 80 年代，大量北部资本进入南部，在接近原料地区就地建立工厂，使南部的工业得到发展。波特对这一过程有一个简要的描述；1870～1920 年，国内贸易对美国经济的最大贡献，是各区域形成了一个统一的全国市场。这种统一过程采取了两种形式：大湖区被吸收入工商业核心，基础资源的范围扩大到太平洋沿岸。

由于统一的国内市场的形成，为美国经济在南北战争后的飞速发展创造了重要条件，美国的国内贸易比任何时候都更为活跃。19 世纪末和 20 世纪初，美国的国内贸易量大约等于对外贸易的 20 倍，甚至超过了当时世界各国对外贸易的总和。由于统一市场的形成，反过来推动各区域的经济在一体化市场基础上趋向平衡。

7.1.4 打通市场通道

如果说宪法建立了美国各州间的自由贸易区，从自由贸易区到一体化市场则经历了近一百年时间。是什么把各州各地区联结起来的呢？可以说，美国经济的增长在很大程度上是由于交通运输的发展，其中，全国性铁路网的建立称得上是推动美国国内市场最终形成的一个关键性因素。

付美榕（2018）在《美国研究》发表的文章中指出，1862 年，林肯总统签署了《太平洋铁路法案》，拨款批地，推动了兴建铁路的热潮。1860 年，全国铺设的铁路总长度仅为 3 万英里，到了 1884 年，猛增至 12.5 万英里，为 1860 年的 4 倍多。到了 1900 年，美国的铁路线已达 20 万英里，超过欧洲铁路的总长度，几乎等于当时全世界铁路总长度的一半。

政府支持铁路建设的政策。不仅促进了铁路及相关产业的发展，而且为建立统一的国内大市场创造了必要条件。特别是内战后新增加的铁路线，大多是横贯大陆的路线，它们与内战前建立的铁路线不一样，不再仅仅是为了狭隘的地方利益即为都市之间的竞争服务，而是从国家经济发展的战略考虑，为把商品输往内地市场而建筑的。以铁路为骨干的交通系统的建立，使全国四通八达，大大加速了工业化的进程，促进了国内统一市场的形成与发展。在这些市场通道的联结网，城市发展成为生产和交换的基地，形成了一个全国性的商品交换体系和全国性的消费市场。铁路在美国市场经济形成中的意义正在于此。

通过上述分析，可以从美国借鉴以下三点：（1）注重国土空间开发规划，建立完善的市场机制；（2）健全法制，强调法治，严格规范地方政府行为，通过政府职能的有效转换，大力限制地方政府过大的经济权力；（3）政府要致力于交通道路等基础设施建设。

7.2 欧盟的区际协调
——国土空间开发管理机构优化

由于欧盟不是一个国家，其内部市场与中国内部市场的表现从性质上有不同之处。但随着欧盟（包括以前的欧共体）各成员方的努力以及欧元的推行，欧盟作为一种超国家组织其发育程度越来越高，区际联系得以加强，其区际协调政策对本书有着较大的借鉴意义。

7.2.1 欧盟国家层次区际协调的机构管理

西欧发达国家由于最先进行工业化与现代化，其区域问题表现得最全面、最充分，区域管理历史也最长，在区域管理制度建设方面积累的经验也最多。在这些国家中，区域管理领域的主要权力由中央当局掌握。议会负责处理所有有关区域政策和规划的法律，即批准或否决援助措施、奖惩的范围和力度、区域设计和区域管理权利划分、批准成立或取消特定管理机构等。议会中都有永久性的或临时性的专门委员会，其职能是既介入一般区域政策与规划制定，又参与解决最严重的区域问题。当区域间的经济冲突剧烈时，议会将强制推行弹压区域大战的法律规定，以维护国家的统一和民族的团结。

在这些国家，区域管理有两种主要的制度模式。在法国和意大利，区域管理由专门的中央政府机构（在法国为 DATAR；在意大利为南部局）负责。在这一模式中，区域管理机构是纯粹的管理与分配中心，这种机构可能像一般部门有其自己的预算，也可能只是监督其他机构的资源分配并起草法律草案，委派科研任务，向政府、企业与私人团体提供咨询等。另一种模式是区域管理由几个部门来运作，这种模式主要见于英国、瑞典与丹麦等国。相关部门通常介入诸如经济发展、环境、劳工与社会问题等之类的领域。

在联邦制国家里，如德国与比利时，区域或地方政府（如德国的州）在区域领域享有诸多权力，但关键决策仍由国家政府决定。政治与经济方面的考虑往往导致受援地区在每一个联邦州或区域都有，这意味着社会经济状况很不同的区域能享受同样水平的政府援助。

值得重视的是，区域管理"下放"或向较低行政层次转移是目前非常流行的概念，但这有可能导致区域政策的消失并强化区域间的恶性竞争。区域管理"下放"的确存在一定的合理成分，基层政府对区域问题的具体性质了解得更清楚，而且资金往往能更有效地利用。基层政府将相互排斥的集中与分散区域管理方法结合起来的方式有两种：第一，中央维护战略决策（包括区域设计），然后将所有行政功能移交下级。荷兰的福利国家方法即为这种，在决策归属中央的框架内管理由地方进行，且财政由中央掌握。第二，为国内较低层次的地域单元创造与区域管理有关的机会，这些单元必须足够大，除国家区域政策外，区域管理机构将推行其自身的区域政策与规划。这一模式在联邦制国家较为适用，也可推广到其他类型的国家。

7.2.2 欧盟层次区际协调的机构管理

欧盟是一个独一无二的超国家政府，成员间关系比独立国家的政府间的联合（如独联体）要密切些，但不如美国那种联邦制国家那样密切。欧盟下设有贯彻其法律与政策的机构组织，若要实现欧盟的欧洲一体化目标，这些机构必须具有一定的行使其职能的权力。其中，与区域管理联系密切的机构有如下国家。

1. 欧洲地区委员会

欧洲地区委员会（CoR）是应几个成员方的要求根据"欧盟条约"（TEU）而成立的，这些成员方要求区域与地方当局应直接介入欧盟政策与立法的审议。在几个成员方中，这种当局发挥了相当大的作用，而且在所有成员方中，执行欧盟的指令与规定的责任往往落到了地方与区域当局身上。因此，CoR 的目的是指出并弥补民主制度的缺陷。

CoR 代表整个欧盟地方政府，因而它的成员构成必须保证地理平衡，同时还要保证有主要城市或区域的代表，而且所有成员必须是地方或区域机构成员。CoR 的工作由许多委员会来完成，各委员会及其子委员会共计 13 个。这种安排是为了保证每个成员方（当时为 12 国）都有一名代表担任委员会的主席，以便协调各成员方的关系。

CoR 虽然是一个相对新的机构，但其在欧盟决策中的作用迅速提升，且有可能扩大其在"政府间会议"（IGC）中的权力范围。在许多方面的决策中，包括在区域政策所有问题的决策，CoR 能确保其意见具有影响力。

2. 联合国可持续发展委员会

联合国可持续发展委员会（CSD）也是欧盟内一个相对新的机构，于 1991 年成立。它不是《马斯特里赫特条约》（以下简称《马约》）的正式部分，而是在一次负责荷兰海牙规划的部长会议上决定成立的。CSD 是一个政府间组织，由来自各成员方的、负责欧盟政策的高级官员组成，其任务是协调与欧盟空间政策有关的活动，并贯彻"空间规划部长非正式理事会"的决定。它的一个重要任务是草拟《欧洲空间发展展望》，另一任务是执行建立"空间研究机构合作网络"的协议。

3. 欧洲议会中的相关机构

欧洲议会（EP）共有 626 名议员，分 20 个常务委员会（committees），每个常务委员会专门负责不同的欧盟政策领域。其中有三个委员会与区域管理问题密切相关：区域政策委员会；交通与旅游委员会；环境、公共卫生与消费者保护委员会。这些委员会在起草交由 EP 年会上与采纳的意见和解决方案方面发挥着重要作用。这类报告一般由对特定问题有特殊兴趣的成员起草，这位成员被任命为书记，书记有能力对 EP 的最终意见产生相当大的影响。

4. 欧洲委员会中的相关机构

欧洲委员会（the Commission）是欧盟的政府行政臂膀，是其公务员。

它是一个独立的政府机构，有其权力、政治领导。委员会被分为 24 个事务部（即 D—G）与许多专家。其职责最贴近本书报告主题的是负责的"区域政策与聚合" D—G16，其他几个在区域管理方面具有重要权力的是负责环境的 D—G11 和负责交通的 D—G7。

通过以上分析，本书研究课题组认为，中国统一大市场的建设至少可以从欧盟借鉴以下三点：（1）确立建立全国统一大市场的目标，同时通过立法规定地区间相互承认的原则和可操作的指标体系；（2）通过立法规范市场竞争秩序；（3）建立全国性和地区性区域管理机构，明确区域协调规则的制定者和执行者。

7.3 日本的区际协调
——国土空间开发细化

日本是单一制国家，由北海道、九州、四国、本州等地区组成。行政体系包括中央政府、都道府县和市町村三级政府。日本实行地方自治制度，凡是与居民日常生活密切相关的事务都由地方政府来管理。

日本是至今为止已经形成较为完善的国土与区域规划体系的国家。国土与区域规划是日本政府干预社会经济生活、进行宏观调控的重要手段。日本的国土与区域规划体系分为国家级、区域级（跨县域）和都道府级三个层次。从类型上看，分为全国综合国土规划、土地利用规划、各省厅局的专业规划、区域规划和地方的各种类型的综合性规划。国土开发的方向从"均衡开发"转向发挥各地区优势和特点的"特色开发"转变，国家的宏观政策由"国土开发"转为"国土管理"①。特别是全国性的综合国土开发规划为各级区域规划和日本的区域发展格局和国土开发结构奠定了基础，可称为世界典范。

---

① 范恒山，曹文炼. 国外区域经济规划与政策的研究借鉴［M］. 北京：人民出版社，2018."国土开发的方向从'均衡开发'转向发挥各地区优势和特点的'特色开发'转变，国家的宏观政策由'国土开发'转为'国土管理'"。

第 8 章

基于土地要素配置的我国区域
协调发展的机制设计

基于土地要素配置的我国区域协调发展的机制设计应从建立有效的区域协调规划体系、创建可行的区域协调机构和实现创新的区域协调政策等方面构建政策体系。

8.1 构建促进区域协调发展的差别化土地政策体系

差别化土地政策的有效构建，有利于土地要素空间配置效率的提升，进一步提高区域内生发展动力，而中央与地方经济关系的理顺，能够有效改善土地政策对区域协调发展的调控作用，增强区域发展的潜力与活力，进而有利于富有效率而又不失公允的区域发展格局的创建，这无疑可以极大地促进区域协调发展。

差别化土地政策通过行政、经济、法律和技术等手段的综合运用，并通过土地利用规划、土地供应计划、土地价格、土地税费、土地立法、土地调查等政策工具促进区域总体效率增进与区域间协调发展的目标实现。构建有效率的土地政策调控体系，还需要土地政策工具的进一步完善，才能实现差别化土地政策对区域协调发展调控的灵活性和有效性。

差别化土地政策传导机制的运行效率对区域协调发展具有重要影响。

由于受区域社会经济发展条件差异、土地政策工具的适用性及土地市场发育程度等因素影响，差别化土地政策对区域协调发展的影响机制效率会受到一定损失，因此，需要对土地政策参与区域调控的目标体系、政策工具和政策体系做进一步的完善，提高土地要素供需的预见性，进而增强调控效率。

8.2 依据土地要素布局出台合理的区域政策体系

我国地区不平衡问题由来已久，不同时期为某些特定目的制定了不少政策。对这些各具特色的区域政策需要体系化。想要充分发挥区域政策在宏观调控中的作用，就必须解决好突出地区特色与避免各自为政的问题，从国家区域协调发展的全局出发，加强相关政策的协调和机制建设，形成既各具特色又有机统一的区域政策体系。要依据土地要素分布与结构特征，出台一系列的区域政策来实现我国的区域间协调发展，主要包括区域财政政策和区域税收政策等。积极加大区域财政政策的实施力度，如增加财政转移支付的投入和完善转移支付制度、加快基础设施的建设。通过对企业所得税减免、减少全部或部分进出口关税和完善现行的区域税收制度来实现税收政策的联合。与此同时，国家也应该注重政府投资—产业—土地—人口等方面的匹配程度，出台有利于辖区内相对不发达区域稳健发展的区域政策。

8.3 建立有效的区域协调规划体系

实行差异化的功能定位，实现区域发展扬长避短，明确利益分配格局是跨行政区规划协调成败的关键。政府在制定区域协调规划时，应该明确协作区内的不同区域的总体规划，在不与地方政府规划产生重大冲突的前提下，提出优化协作区的规划方案，尤其是要明确主体功能区的位置。对于优先开发、重点开发、限制开发和禁止开发四类区域的重新划分会打破原有的辖区管制，这就要求实施分类管理的区域政策。要根据各地方的主体功能区规划调整完善协作区的城市规划、土地利用规划以及人口、环境保护、交通等专项规划，并且要对相关的主体功能区规划进行事前调查和事后评估。

8.4 创建可行的区域协调机构

行政经济区产生的根本原因在于经济体制转型与行政体制变革的不匹配，为在开放条件下纳入国际分工体系进而充分获取比较优势，强化不同行政区的联合是政治权力机构和经济发展机构的主动要求，而没有一套完善的运行与管理体制则是当今我国区域协调政策相对失败的主要原因。因此，谋求行政联合进而确定区域政策中的管谁和谁管这两大核心问题的权责归属，是实现我国区域协调发展的必经途径。对于如何设置协调机构，应该解决机构职能、机构级别和协调机构与现有机构之间的关系等三方面的问题，即实现跨越边界协调合作走复合行政的道路。

第9章

学术努力与主要观点

本书基于土地要素配置视角，深入探讨了政府与市场对土地要素配置会对区域协调发展产生的影响。大致而言，本书为此所作的学术努力可以简述如下。

9.1 尝试基于土地要素配置视角为区域协调发展问题构建基础理论框架

本书总结的区域经济学的理论基石，一是资源禀赋理论。资源禀赋的差异是区域经济多样性、互补性和区域分工的基础。二是规模经济理论。规模经济的存在反映了区域经济的聚集要求，经济的聚集带来人口的增加，形成城市和经济中心。三是交易成本理论。经济活动必须克服空间的距离限制并支付距离成本。在经济学理论的框架内，完善区域经济学的已有理论结构，并实现创新。本书在区域分工理论、比较优势理论、区域资源配置理论、区域相互依存理论、区域产业发展和转移理论、区域空间格局演变理论和区域政府干预理论等方面进行了一定的探索。

作为一个地域大国，中国政府不得不实行分级管理，这就会产生中央利益和地方利益、地方之间利益的矛盾与摩擦。其引人注目的资源优势及巨大的国内市场决定了经济发展轨迹的独特性，如可以组织力量完成小国难以期冀的大事，可以在一国范围内实现几乎所有产业的规模经济，可以抵御较大的各种灾害，等等。但是，大国经济由于区位、地理、资源条件、历史发展水平的不同，加上地域辽阔、人口众多且分布又不均匀，因而各个具体区域的经济发展水平和速度必然存在差距，这在大国经济的发展初期尤为突出。因此，从一定意义上讲，区域之间如何协调发展常常可能是大国经济的"一根软肋"。

9.2 在土地要素配置基础上努力追求区域协调发展的效率和公平

土地出让方式、土地政策等差别天然地成为政府与市场配置土地资源差异检验的适宜工具，也是充分体现效率与公平权衡的重要参照。"效率与公平"是人类经济生活中的一对基本矛盾。这是因为：社会经济资源的配置效率是人类经济活动追求的目标，而经济主体在社会生产中的起点、机会、过程和结果的公平，也是人类经济活动追求的目标，这两大目标之间的内在关联和制度安排成为诸多经济学派别解答不尽的两难选择。经济公平，是指有关经济活动的制度、权利、机会和结果等方面的平等和合理。效率是指经济资源的配置和产出状态。对于一个企业或社会来说，最高效率意味着资源处于最优配置状态，从而使特定范围内的需要得到最大满足，或福利得到最大增进，或财富得到最大增加。但已有研究把效率片面理解为经济效率和财富的最大增加，而非福利最大化。福利最大化包括环境和文化等非经济方面的维度。

效率与公平的关系，二者既有对立的一面，也有统一的一面，但不是一种简单的对立统一关系，而是一种建立在多层面基础上的对立统一与交错互动的关系，且在不同的层面，这种互动关系具有不同的特征。一般来说，追求公平往往要牺牲效率（如我国改革开放前的情况），而追求效率又往往要牺牲公平（如我国改革开放后的情况），似乎效率和公平是"鱼"和"熊掌"而不可兼得。这就是为什么经济学基本上不考虑

"公平"而只求效率最大化。"鱼"和"熊掌"（效率和公平）兼得无疑不是一件容易的事情，经济学理论多以优化效率为基础，优化"公平"的很少，而把二者都考虑进来的更少。显然，兼顾效率与公平的经济学研究所面对的严峻挑战，则是创建科学的理论和研究框架。毋庸置疑，理论滞后与制度创新不足是阻碍我国区域经济协调发展的两个主要因子。

基于上述的理论认识，再结合我国改革的具体历程，本书特别强调了如下六个重要观点。

第一，中国新一轮改革开放的一个核心问题就是妥善处置全社会效率与公平之间的关系。

第二，地区间经济协调发展的核心问题实际就是协调效率和公平之间关系的问题。过去经济发展战略的核心是强调各地区效率。事实上，国家整体上的效率不等于地区效率之和；效率也不应仅等于经济效率，而应该体现经济社会和环境的协调发展；更重要的是，实现中国梦就是要逐步建立一种效率与公平兼得的良性循环机制，需要细化研究视角，关注涉及人类发展的土地要素配置视角来推进全社会的共同富裕和经济、政治、文化的可持续发展。况且，从改革的连续性看，下一步改革不是另起炉灶，而是从前期单纯"追求效率"，转到追求"效率和公平兼顾"，即改革目标由单目标转到双目标。

第三，必须防止区域协调发展的出发点和根本宗旨被片面化。也就是说，它并非片面追求欠发达地区的经济增长，也不是单纯为了缩小地区间经济发展水平的差距。多年来为促进地区间的协调，中央政府做了很多努力，包括实施西部大开发、东北老工业基地振兴、中部崛起及近年的包容性增长战略等，可地区间不协调性仍在扩展，这意味着，要么没有找到问题的症结，要么相关政策没有对症下药。对于我国这样一个国土面积广袤、发展差异巨大的国家，区域之间经济发展的差距在短期内难以缩小，但为各地区居民提供均等的基本公共服务水平则是有可能、有条件实现的。这样，通过为各地区居民提供均等化的基本公共服务，有利于为劳动力的区际流动创造条件，这是按照市场经济方式缩小区域间经济发展水平差距的有效手段。如果把宏观政策调整仅定位于缩小地区经济发展差距，即使短期得到缓和，长期看还将逆转。同时，区域协调发展包括经济、社会和生态环境等多维目标，必须通过科学预算或趋势预测，才可能使目标的制定科学化和定量化，才能避免经验性的分析判断，并据此科学确定区域协调发展的方向。我国不缺少区域协调发展政策，但政策目标强调的主要是经济效率和短期效率，且政策依据比较模糊。现在需要提供新的理论和政策依据，准确定位区域经济协调发展的目标，以服务于我国合理制定恰当的宏观政策。

第四，促进区域协调发展的宏观政策同样旨在处理好地区层面上效率与公平关系。效率和公平有国家维度和地区维度的区分。过去我国主要讲国家整体效率，可是国家效率不等于地区效率的加总，因而过去的研究立足于国家层面却无法解决地区层面问题。所以，区域经济协调政策必须具体化到不同类型地区（比如四类主体功能区）的关系上，否则它们将会大打折扣，重复"上有政策，下有对策"的顽症。国家已经出台了主体功能区规划，事实上中央政府多年前就要求不同地区按照其资源禀赋优势去发展经济，但由于没有切实有用的效率与公平评价考核体系，这类宏观政策事实上并没有很好贯彻。

第五，必要时应当凸显公平问题的紧迫性。这是因为，区域协调发展具有明显的阶段性，在收入分配不公或许成为阻碍中华民族振兴的主要障碍时，就尤其需要研究如何在兼顾"公平"和"效率"的框架下实现我国区域经济协调发展。

第六，需要适当调整现有的相关政策。我国规划的主体功能区战略是推进区域协调发展的很好载体，只是必须立足于科学的测定分析，且辅之以落地有效的推进政策。2010年国务院发布了《全国主体功能区规划》，是我国国土空间开发的战略性、基础性和约束性规划。该政策发布后，各地反响不一，更看不出地方政府在行动上的支持。究其原因，还是没有协调好地区内和地区间的公平与效率，没有把公平与效率落实到地区层面，导致所有地区去追求经济效率。如果这类政策设计能够使限制开发地区得到合适的补偿，能够像发达国家那样对经济效率各异的地区提供均等的公共服务，那么，这些经济效率相对低下，而在环境、生态、文化多样性保护作出贡献的地区，就未必会绞尽脑汁去挖山建造工业园区。

9.3　正确看待区域协调发展中的市场与政府

市场机制是目前为止所发现的最具效率和活力的经济运行机制和资源配置手段。自市场经济产生以来，市场机制广泛地发挥了作用，给资本主义经济带来了空前的繁荣和社会进步。但同时，有关政府与市场关系的争论就从来没有停止过。政府到底是"守夜人"的角色还是有效的调控者，这曾经是西方学界反复争论的重要问题。事实上，人们对政府作用的认识也正是在市场经济不断发展变化中逐渐得到深化和充实的。在市场经济体系下的区域协调发展，自然同样离不开市场机制的调节、推动和呵护。

具体而言，我国政府对于区域发展的直接干预程度及其实际效果，既与政府对缩小区域差距的意愿的强弱有关，也与政府影响要素流动的实际能力的高下有关。显然，政府在其中的作用是绝对不可忽视的。

然而，市场与政府之间的选择通常不是简单的二择一，即不是单纯地选择市场或政府，而往往是两者不同组合之间的选择，以及某种配置资源模式的不同程度之间的选择。如果优先的和主要的选择倾向于市场，那么，因为涉及与市场失灵的广泛性和不可避免性相关的种种原因，对非市场（即政府）而言，其重要作用将要而且应该保留。这种作用尤其涉及诸如国防和国家安全之类的纯公共产品的生产，涉及建立和维护对市场功能的发挥不可或缺的法律和其他环境条件，还涉及提供必要的再分配服务和项目——这为社会构成了一张令人满意的安全网。

从市场机制和政府调控的关系来看，双方也是正向互动的关系。一个没有市场机制发挥基础作用的社会，其区域经济协调发展只能是一句空话。我国经济体制改革的目的是建立社会主义市场经济体制，经济市场化是大势所趋，这决定了本书必须从经济市场化这种大趋势去认识、寻找实现区域协调发展的方式。众所周知，经济市场化的最突出特点就是市场逐渐成为资源配置的基本方式。这一根本性的变化，对区域经济活动产生了多方面的、深刻而长远的影响。

诚然，很多发展中的问题都有赖于政府的干预。但政府的不适当干预，会增强区域发展不协调的扭曲性。因此，必须明确政府与市场的边界。政府在区域协调发展中应该起主导作用，政府的作用范围主要是提供公共服务与公共产品，弥补市场失灵，维护法律秩序，推进生态环境保护工作，体现社会公众及为区域经济开发提供规划、指导和协调。政府作为的原则就是坚持发挥市场机制对资源配置的决定性作用。政府在解决市场失灵问题时就应该从公平性、公共性和外部性这三个角度出发，并注意转变政府职能。因此，应让市场机制在要素配置过程中发挥重要作用，在土地要素市场，应界定好土地的产权结构，让市场发现各类土地要素的价格，使之得到最优的配置。

无论从配置（或静态）效率（即实现一方面产出或产品和另一方面投入或成本之间的更高比率）角度看，还是从动态效率（即随时维持更高的经济增长率）角度看，市场比政府做得更好。市场体制在资源的使用上，往往在特定的时间段更有效率，并且更具创新性，更有活力和更为广泛。

从公平或公正的立场看，市场和以政府为代表的非市场体制均有严重的缺陷。虽然市场体制有时讲求公平，但它们却无法保证公平（即机会均等意义上的公平）。总之，非市场有意识地纠正由市场而产生的不公平的类型和范围，自身常常又涉及不同类型和范围的不公平。

需要强调的是，促进区域协调发展，不仅需要政府切实落地的宏观政策，更需要在完善市场机制上下工夫。要实现"公平"和"效率"兼顾的区域协调发展，政府可以通过区域规划管理、宏观政策调整促进区域经济的协调发展。同时，需要进一步明确政府和市场的关系，应在坚持发挥市场机制对资源配置基础性作用的前提下，充分运用政府宏观调控来调节市场机制，并借此影响市场主体行为，进而对可能出现的结果起着促进或延缓作用，以实现政府的战略意图。

9.4　深入剖析区域协调发展中土地要素配置政府与市场的最优选择问题

本书在理论建模上作了比较深入的探索和发挥，力图从一个特定的理论视角来阐述政府与市场对土地要素配置的最优选择问题。一方面，它们借鉴了一些现有的研究成果。这主要表现为借用了阿西莫格鲁（Acemoglu）的分析框架，对比政府配置资源和市场配置资源的差异，说明政府配置资源可能改善社会福利的机制。

另一方面，它也有着自己的创新之处，集中在两个问题上。一是应用机制设计的理论分析了不同区域之间资源调配的实现机制，用以说明区域之间资源的转移数量决定问题。这对现实经济中的区域间资源再配置的决定机制有着较强的解释力。二是以传统新经济地理学框架内分析经济增长与区域协调发展的研究成果为基础，并将它们作为经济增长与区域均衡发展的约束条件，在一个最大化社会效用水平的函数下，分析了政府的最优资源再配置的模式。因此，与现有研究的最大不同之处在于，通过将其作为社会效用函数最大化的约束条件，从而求得了政府资源再配置的最优决策点。显然，这是对现有研究的进一步理论拓展，并且较具说服力地阐述了如何解决区域协调发展资源配置中政府与市场的最优选择问题。

9.5　正确认识我国不同区域协调发展的实际水平

过去十多年，我国采取了一系列旨在促进区域协调发展的措施，努力推进西部大开发建设、中部经济崛起、振兴东北老工业基地等战略，取得了积极成效。如何对我国区域协调发展现状进行科学的判断，并据此形成恰当有据的分析思路和发展愿景，是进一步促进我国区域协调发展的一项基础性工作。

必须指出，在衡量区域协调发展效果时，应该综合考虑经济、公共服务与生态环境三个系统层面。据此，本书综合选取了 12 个相关指标，分别计算出 1995~2017 年全国（除重庆、西藏、港澳台地区外）经济协调度、公共服务协调度、生态环境协调度和总体协调度，同时也进一步对东部、中部、西部与东北四个地区的各项协调度进行了考查。

总的来说，从锡尔系数数值来看，1995~2017 年，全国四大地区内省际差异及地区间差异关系为：$T_{东部} > T_{四大地区间} > T_{西部} > T_{中部} > T_{东北}$。在中国的四大区域中，东部地区和东北地区的协调发展程度在全国走在前列，一直处于初级协调发展阶段，并且其协调发展度总体趋势稳中有升。中西部地区的协调发展水平在全国处于较低层次，基本上均处于勉强协调发展阶段。不过近年来这种状态趋向好转，特别是中部地区，2008 年，其协调发展水平由勉强协调发展阶段迈进了初级协调发展阶段。总体来看，1995~2006 年，我国总体协调发展水平处于濒临失调衰退阶段，地区间发展差异问题较为严重；2006~2008 年，这种状况略有好转，总体协调发展水平处于勉强协调发展阶段。但总体而言，我国的区域协调发展水平还是处于较低水平。

9.6 土地要素配置对区域协调发展的多重检验

从土地出让方式、土地政策、土地整治及交通基础设施四个层面研究土地资源配置对区域协调发展的影响。

土地整治具有增加土地数量、提高土地质量和改善生态环境的重要目标。对于全国层面而言，土地整理模式、土地开发模式和土地复垦模式对区域协调发展具有积极作用，影响程度依次为土地开发模式 > 土地复垦模式 > 土地整理模式；由分区域来看，土地整理程度是促进东部地区区域协调发展最主要的因素，中部地区受到两种土地模式的影响，土地复垦程度是中部地区区域协调发展最主要的因素，西部地区受到三种土地整治模式的影响，土地开发程度是西部地区区域协调发展最主要的因素。

使用土地政策调控区域发展布局是我国区域协调呈现新格局的一个重要因素。基于土地资源"三位一体"属性视角，从土地整治、土地确权、土地征收三个方面构建了差别化土地政策促进区域协调发展的实现路径。由于自然地形条件、经济发展水平和贫困状况差异，土地政策对区域协调发展的影响可以通过土地资源的资产、资本和资源属性实现，表现为多条影响路径，全国层面上，土地资产属性度、土地资本属性度和土地资源属性度对区域协调发展具有显著积极作用，且影响程度由强至弱为：土地资产属性度 > 土地资本属性度 > 土地资源属性度，区域层面上，东部地区主要受土地资产属性度和土地资源属性度的影响，且前者影响大于后者，中部地区主要受土地资源属性度的显著影响，西部地区主要受土地资源属性度和土地资本属性度的影响，且前者影响大于后者。

中国区域间的土地要素再配置，相当大一部分是通过向不同区域基础设施投入实现的。新经济地理学的理论认为，经济体区域经济发展失衡主要源于不同区域经济密度外部性差异循环累计的优势自我强化结果。在区域经济密度分布的决定机制中，商品和要素能否顺利流动至关重要，而这在相当大程度上取决于基础设施的效率，土地要素配置也不例外。从全国层面而言，交通基础设施对区域协调发展具有积极的促进作用，主要通过投资效应和知识溢出效应机制实现；分区域看，交通基础设施对区域协调发展的影响作用由强至弱为：东部地区、西部地区、中部地区，这主要根据区域经济发展水平和交通基础设施状况存在差异所导致的作用边际效应差异决定的。

土地出让方式包含了协议出让、招标出让、拍卖出让及挂牌出让四种主要的方式。协议出让是政府与土地使用者协商定价，而"招拍挂"出让则是社会公开出让，因此，土地出让方式的差别天然地成为政府与市场配置土地要素差异检验的适宜工具。土地出让方式通过产业转移影响发达区域与欠发达区域的经济社会发展，进而影响区域协调发展。全国层面而言，一方面，土地协议出让对区域协调发展具有负向作用，主要是地方政府受财政激励与晋升激励的双重刺激实现；另一方面，土地"招拍挂"出让方式对区域协调发展具有积极的促进作用，其原因可能是市场配置土地要素具有天然的效率优势，充分发挥土地要素的价值，有序引导了区域产业结构布局与优化，促进了区域社会经济的一体化发展，从而实现区域的协调发展。分区域看，土地协议出让方式对区域协调发展的作用在东部地区、中部地区与西部地区都是显著为负，说明协议出让方式不利于整体的区域协调发展，对各区域的负向显著作用由强至弱为：东部地区、中部地区、西部地区。这主要和区域经济发展水平和市场经济发展状况有关。在东部地区与中部地区，"招拍挂"出让方式对区域协调发展的作用显著为正，且对中部地区的作用大于东部地区，而对西部地区的区域协调发展作用为负，但不显著，说明西部地区土地要素市场发展不完善，基本上还是政府主导的土地出让方式。

9.7 应当借鉴外国如何通过土地要素配置促进区域协调发展的成功经验

区域协调发展是市场经济体系成熟的一个重要标志。中国作为领土大国之一，地区间的不平衡是经济成长中的必然现象。可怕的并不在于这种不平衡的差异有多大，而是地区间的人为分割做法。这是因为，商品经济的高度发达已要求统一的国内市场成为经济和社会发展的基本条件。可是，构建统一大市场往往是新兴市场发育中的一个大难题。

从西方发达国家比较成熟的市场经济制度来看，促进区域协调的宏观政策和市场手段，具体包括市场整合、区域分工与合作、区域一体化、社会合作等方面，并主要通过国土空间开发规划来具体落实。其中，特别是一些疆域大且存在显著地区发展差异的国家，它们处理地区垄断行为的一些政策措施值得中国借鉴。

参 考 文 献

[1] 安虎森，何文．区域差距内生机制与区域协调发展总体思路 [J]．探索与争鸣，2012（7）：47–50．

[2] [美] 奥斯特罗姆．公共事务的治理之道 [M]．余逊达等译，上海：上海译文出版社，2012：61–62．

[3] [德] 贝娅特·科勒，科赫．社会进程视角下的欧洲区域一体化分析 [J]．南开学报，2005（1）．

[4] [德] 贝娅特·科勒，科赫等．欧洲一体化与欧盟治理 [M]．北京：中国社会科学出版社，2004．

[5] 陈建华，王国恩．区域协调发展的政策途径 [J]．城市规划，2006（12）：15–19．

[6] 陈金良．论跳跃式经济协调机制 [J]．财贸研究，2003（3）：1–4．

[7] 陈秀山，杨艳．我国区域发展战略的演变与区域协调发展的目标选择 [J]．教学与研究，2008（5）：5–12．

[8] [美] 道·诺思．经济史中的结构与变迁 [M]．上海：上海三联书店，1991．

[9] 丁宇航．区域协调发展立法的国际经验及其启示 [J]．学术交流，2009（12）：73–75．

[10] 董祚继．土地要素的市场化配置及其全方位推进 [J]．中国土地，2020（5）：4–8．

[11] 杜茎深．土地发展权及其对主体功能区建设保障研究 [D]．兰州：兰州大学，2009．

[12] 段娟．促进区域协调发展中政府和市场作用的发挥 [J]．当代

中国史研究，2016，23（1）：63 – 67.

[13] 樊杰，王亚飞.40 年来中国经济地理格局变化及新时代区域协调发展 [J].经济地理，2019，39（1）：1 – 7.

[14] 冯慧娟.基于区域协调发展的国内外城市化进程比较研究 [D].咸阳：西北农林科技大学，2005.

[15] 冯兴元.地方政府竞争：理论范式、分析框架与实证研究 [M].北京：译林出版社，2010.

[16] 付美榕.美国铁路业的兴衰及其影响因素 [J].美国研究，2018，32（1）：7，127 – 142.

[17] 傅殷才.制度经济学派 [M].武汉：武汉出版社，1996.

[18] 黄奇帆.解析土地要素市场化配置改革 [J].新金融评论，2020（2）：14 – 32.

[19] 杰弗里·M.霍奇逊.制度经济学演化：美国制度主义中的能动性、结构和达尔文主义 [M].北京：北京大学出版社，2012.

[20] [美] 卡普兰.理性选民的神话 [M].刘艳红译，上海：上海人民出版社，2010.

[21] 李平，王春晖，于国才.基础设施与经济发展的文献综述 [J].世界经济，2011，34（5）：93 – 116.

[22] 李蕊.农地转用领域土地要素市场化配置的制度逻辑 [J].安徽师范大学学报（人文社会科学版），2021，49（2）：117 – 122.

[23] 李松龄.土地要素市场化配置改革的制度安排与理论认识 [J].湖南社会科学，2021（2）：62 – 70.

[24] 李妍，赵蕾，薛俭.城市基础设施与区域经济增长的关系研究——基于 1997 – 2013 年我国 31 个省份面板数据的实证分析 [J].经济问题探索，2015（2）：109 – 114.

[25] 厉以宁.中国经济双重转型之路 [M].北京：中国人民大学出版社，2013.

[26] 林梦笑，于洋.土地要素市场化配置下的综合评标理论研究 [J].中国土地，2021（2）：20 – 23.

［27］林毅夫，蔡昉，李周．中国经济转轨时期的地区差距分析 ［J］．经济研究，1998（6）．

［28］林毅夫．我国可以顺利跨越中等收入陷阱 ［N］．中华工商时报，2018－01－23（3）．

［29］刘秉镰，武鹏，刘玉海．交通基础设施与中国全要素生产率增长——基于省域数据的空间面板计量分析 ［J］．中国工业经济，2010（3）：54－64．

［30］刘海楠．土地整治促进区域经济协调发展的机制及路径研究 ［D］．北京：首都经济贸易大学，2014．

［31］刘文秀，埃米尔·科什纳等．欧洲联盟政策及政策过程研究 ［M］．北京：法律出版社，2003．

［32］刘彦．随区域土地利用优化配置 ［M］．北京：学苑出版社，1999．

［33］刘银．中国区域经济协调发展制度研究 ［D］．长春：吉林大学，2014．

［34］刘玉，刘毅．区域政策研究的回顾与展望 ［J］．地理科学进展，2002（2）：153－161．

［35］［法］卢梭．论人类不平等的起源 ［M］．高修娟译，上海：上海三联书店，2009．

［36］吕志奎．中国区域协调发展的政策创新 ［J］．中山大学研究生学刊（社会科学版），2007（3）：42－55．

［37］［美］罗尔斯．正义论 ［M］．何怀宏等译，北京：中国社会科学出版社，1988．

［38］［美］罗斯巴德．权力与市场 ［M］．刘云鹏等译，北京：新星出版社，2007．

［39］米罗斯拉夫·N．约万诺维奇．演化经济地理学：生产区位与欧盟 ［M］．北京：经济科学出版社，2012．

［40］［美］诺思．西方世界的兴起 ［M］．厉以平等译，北京：华夏出版社，2009．

［41］诺思．制度、制度变迁与经济绩效［M］．上海：格致出版社，上海三联书店，2008．

［42］钱忠好，牟燕．中国土地市场化改革：制度变迁及其特征分析［J］．农业经济问题，2013，34（5）：20－26，110．

［43］［日］青木昌彦．比较制度分析［M］．上海：上海远东出版社，2001．

［44］青木昌彦．比较制度分析［M］．上海：上海远东出版社，2001．

［45］史晋川，王志凯．实施区域共同治理、促进区域协调发展［R］．国家发改委地区司委托课题报告，2009．

［46］史晋川．江浙沪区域发展模式与经济制度变迁［J］．学术月刊，2002（5）．

［47］舒尔茨．制度与人的经济价值的不断提高//财产权利与制度变迁——产权学派与新制度经济学译文集［M］．上海：上海三联书店，1994：253．

［48］斯蒂格利茨．政府为什么干预经济：政府在市场经济中的角色［M］．武汉：武汉大学出版社，1995．

［49］孙海燕．区域协调发展机制构建［J］．经济地理，2007（3）：362－365．

［50］孙久文，张可云，安虎森，等．"建立更加有效的区域协调发展新机制"笔谈［J］．中国工业经济，2017（11）：26－61．

［51］孙久文．中国区域经济实证研究［M］．北京：中国轻工出版社，1999．

［52］覃成林．区域协调发展机制体系研究［J］．经济学家，2011（4）：63－70．

［53］童乙伦．解析中国——基于讨价还价博弈的渐进改革逻辑［M］．上海：格致出版社，上海三联书店，2011．

［54］王爱民，马学广，陈树荣．行政边界地带跨政区协调体系构建［J］．地理与地理信息科学，2007（5）：74－79．

［55］王佳宁，罗重谱．新时代中国区域协调发展战略论纲［J］．改

革，2017（12）：52 - 67.

［56］王万茂等．土地利用规划［M］．北京：中国大地出版社，1996（7）.

［57］王小鲁，樊纲．中国地区差距的变动趋势和影响因素［J］．经济研究，2004（1）.

［58］王志凯，史晋川，李相万．中国民营经济发展与区域城市化进程研究［J］．韩中社会科学，2012（3）.

［59］王志凯，史晋川．中国区域经济发展的非均衡状况及原因分析［J］．浙江大学学报（人文社会科学版），2011（6）.

［60］王志凯．中国民营经济发展与区域制度变迁：以浙江、江苏为例［J］．浙江大学学报（人文社会科学版），2007（2）.

［61］王志凌，谢宝剑．我国区域协调发展：制度、政府与市场——兼论区域合作战略［J］．贵州大学学报（社会科学版），2007（1）：9 - 16.

［62］肖金成．区域发展战略的演变与区域协调发展战略的确立——新中国区域发展70年回顾［J］．企业经济，2019，38（2）：43 - 50.

［63］徐升艳，陈杰，赵刚．土地出让市场化如何促进经济增长［J］．中国工业经济，2018（3）：44 - 61.

［64］杨兵，杨杨，杜剑．财政支出类型和货币政策规则的组合效应及稳定性研究［J］．国际金融研究，2021（8）：22 - 33.

［65］杨刚强，张建清，江洪．差别化土地政策促进区域协调发展的机制与对策研究［J］．中国软科学，2012（10）：185 - 192.

［66］殷风．区际关系中的政府干预与协调［J］．云南社会科学，2002（2）：30.

［67］袁惊柱．区域协调发展的研究现状及国外经验启示［J］．区域经济论，2018（2）：132 - 138.

［68］［美］约瑟夫·S.奈，约翰·D.唐纳胡．全球化世界的治理［M］．北京：世界知识出版社，2003.

［69］张京祥，程大林．由行政区划调整到都市区管治［J］．规划师，2002（9）：9 - 11.

［70］张京祥，沈建法，黄钧尧，等．都市密集地区区域管治中的行政区划影响［J］．城市规划，2002（9）：40－44.

［71］张俊良，闫东东．多维禀赋条件、地理空间溢出与区域贫困治理——以龙门山断裂带区域为例［J］．中国人口科学，2016（5）：35－48，126－127.

［72］张可云．区域经济政策——理论基础与欧盟国家实践［M］．北京：中国轻工业出版社，2001：540－542.

［73］张可云．区域协调发展新机制的内容与创新方向［J］．区域经济评论，2019（1）：5－9.

［74］张莉，程可为，赵敬陶．土地资源配置和经济发展质量——工业用地成本与全要素生产率［J］．财贸经济，2019，40（10）：126－141.

［75］张琳，黎小明，刘冰洁，等．土地要素市场化配置能否促进工业结构优化？——基于微观土地交易数据的分析［J］．中国土地科学，2018，32（6）：23－31.

［76］张杏梅．加强主体功能区建设促进区域协调发展［J］．经济问题探索，2008（4）：17－21.

［77］赵成功，李新玉．我国西部国土资源及其开发对策［J］．地理学与国土研究，2000（1）：19－23.

［78］赵伟．区域开放：中国的独特模式及其未来发展趋势［J］．浙江学刊，2001（2）：76－80.

［79］钟文，严芝清，钟昌标，等．土地整治的减贫效应及其传导机制研究［J］．农业经济与管理，2021（2）：93－103.

［80］钟文，严芝清，钟昌标，等．土地政策匹配及其区域协调发展效应研究［J］．华东经济管理，2021，35（7）：83－90.

［81］钟文，郑明贵，钟昌标．土地出让、资源错配与经济高质量发展［J］．经济与管理，2022，36（1）：1－9.

［82］钟文，钟昌标，马超．土地扶贫的减贫效应及实现路径分析——基于土地资源"三位一体"属性视角［J］．农村经济，2018（11）：47－52.

［83］钟文，钟昌标，郑明贵，等. 兼顾公平与效率的交通基础设施与区域协调发展研究——基于新经济地理学视角［J］. 地域研究与开发，2019，38（6）：1 - 5，28.

［84］钟文，钟昌标，郑明贵，等. 兼顾公平与效率的交通基础设施与区域协调发展研究——基于新经济地理学视角［J］. 地域研究与开发，2019，38（6）：1 - 5，28.

［85］钟文，钟昌标，郑明贵. 差别化土地整治助推精准扶贫的路径及减贫效应研究［J］. 广东财经大学学报，2020，35（2）：93 - 102.

［86］周佳宁，段锴丰，杜焱强，等. 土地要素配置如何促城乡多维融合？——有效市场和有为政府［J］. 中国土地科学，2022，36（3）：32 - 40，50.

［87］Acemoglu D. , M. Golosov and A. Tsyvinski. Markets versus governments［J］. Journal of Monetary Economics，2008，55（1）：159 - 189.

［88］Alexander Heichlinger. Regional Growth Models and Trends in the European Union in the Context of Globalization（PDF）［M］. Eurstat Reports and L. S. E. publications，2005.

［89］Aschauer D. A. Is public expenditure productive?［J］. Journal of monetary economics，1989，23（2）：177 - 200.

［90］Bank W. World development report 1994：Infrastructure for development［M］. Oxford University Press，Incorporated，1994.

［91］Brenneman A. and M. Kerf. Infrastructure & Poverty Linkages，A Literature Review［M］. The World Bank，Washington，DC，2002.

［92］Calderon C. and L. Servén，The output cost of Latin America's infrastructure gap［J］. The Limits of Stabilization：Infrastructure，Public Deficits，and Growth in Latin America，2003：95 - 118.

［93］Calderón C. and L. Servén . The effects of infrastructure development on growth and income distribution，World Bank Publications，2004.

［94］Charles Tiebout. A pure Theory Expenditures［J］. Journal of Political Economy，1956.

[95] Devarajan S. , V. Swaroop and H. - f. Zou. The composition of public expenditure and economic growth [J]. Journal of Monetary Economics, 1996, 37 (2): 313 - 344.

[96] Easterly W. and S. Rebelo. Fiscal policy and economic growth [J]. Journal of Monetary Economics, 1993, 32 (3): 417 - 458.

[97] Easterly W. The lost decades: developing countries' stagnation in spite of policy reform 1980 - 1998 [J]. Journal of Economic Growth, 2001, 6 (2): 135 - 157.

[98] Esfahani H. S. and M. a. T. Ramírez. Institutions, infrastructure and economic growth [J]. Journal of Development Economics, 2003, 70 (2): 443 - 477.

[99] Estache A. On Latin America's Infrastructure Privatization and its Distributional Effects [M]. Available at SSRN 411942, 2003.

[100] Ferranti D. D. , G. Perry, F. Ferreira, M. Walton, D. Coady, W. Cunningham, L. Gasparini, J. Jacobsen, Y. Matsuda and J. Robinson. Inequality in Latin America and the Caribbean: breaking with history, World Bank Report, 2003.

[101] Gramlich E. M. Infrastructure investment: A review essay [J]. Journal of Economic Literature, 1994: 1176 - 1196.

[102] Hurwicz L. and S. Reiter. Designing economic mechanisms [M]. Cambridge University Press, 2006.

[103] Karen R. Polenske. The Economic Geography of innovation [M]. Cambridge University Press, 2007.

[104] Loayza N. and P. Fajnzylber . Economic growth in Latin America and the Caribbean: stylized facts, explanations and forecasts [M]. World Bank Publications, 2005.

[105] Martin P. and G. I. Ottaviano. Growing locations: Industry location in a model of endogenous growth [J]. European Economic Review, 1999, 43 (2): 281 - 302.

[106] Martin P. and G. I. Ottaviano. Growth and agglomeration [J]. International Economic Review, 2001, 42 (4): 947 –968.

[107] Porter M. E. The Competitive Advantage of Nations [M]. New York: Free Press, 1990.

[108] Preston S. Urban Growth in Developing Countries: A Demographic Reappraisal [J]. Population and Development Review, 1979, 5 (2): 195 – 215.

[109] Robert Woods. Urbanizationin Europe and China during the second Millennium: Are view of urbanism and demography [J]. International Journal of Population Geography, 200 (9): 215 –227.

[110] Sanchez Robles B. Infrastructure investment and growth: Some empirical evidence [J]. Contemporary Economic Policy, 1998, 16 (1): 98 – 108.

[111] Sugolov P. , B. Dodonov and C. von Hirschhausen, Infrastructure policies and economic development in East European transition countries: First evidence [R]. DIW Berlin WP – PSM – 02, 2003.

[112] The On going Development of the Oresund Region: Action Plan for the Oresund Committee, 2005 – 2006 [R]. OECD Territorial Reviews: Oresund, Denmark/Sweden, 2006.

[113] Todaro M. P. Internal Migrationin Developing Countries [M]. International Labor Office, Geneva, 1976.

后 记

最近几年，我国面临的国际、国内环境变化显著。从国际看，世界不断从互联网到分裂网。地缘政治分化及美国对我国关键核心技术封锁的打压，外部环境日益艰难，技术自主创新和产业安全日益显现。从国内看，人口、资本等要素在空间上非均衡流动加剧，欠发达地区"未富先老"与先发地区"累积集聚"的双向极化现象加剧。区域协调发展战略是一国经济活动的基础，是体制（机制）设计、政策制定和行动规划的依据。区域协调发展将日益与国家发展模式和动力机制的转换相结合，通过发挥出大国本土市场来提升发展的内在动力和安全韧性。

在这样一个大背景下，我和钟文博士总结在土地要素方面的成果。土地要素在养育人类文明中无论怎么高评都不为过，国内外的相关研究丰富。本书从公平与效率视角研究政府与市场在土地要素配置中所起的作用。

几易大纲，直到本书出版。在书稿写作过程中得到各方面的支持，特别感谢经济科学出版社。这本书也是我调到广州商学院工作以来贡献的第一本专著，一年多来郭小聪执行董事长在各个方面给予了我极大的帮助，给我在岭南大地提供了一个好的做事舞台！非常感谢！

钟昌标

2023 年清明于广州